"La profundidad del corazón de Crystal y su relación con su Padre Celestial, están muy bien expresadas con palabras evocadoras, definidas y detalladas; inmediatamente me fue mostrado el camino a mi Padre Celestial, a Su Hijo Jesús, y al Espíritu Santo. Entre más leía *Cartas de dulce amor a Jesús,* más el mensaje se hacía una realidad en mi corazón. Están tan concentradas, que me tome mi tiempo en sopesar cada oración, cada palabra. En muchas ocasiones, me encontré meditando en la única persona que importaba en ese momento, el Señor Jesucristo. Es imposible leerlo y no entrar a Su presencia.

En un momento, empecé a leer en voz alta (algo que les recomiendo que hagan), y experimente incluso una relación más profunda e íntima con la persona de Jesús.

Cartas de Dulce Amor a Jesús me hizo llorar, cantar, y meditar en Su amor por mí y por nuestro mundo. Gracias, Crystal, por tu obediencia al Padre en estos escritos, y por hacerte a ti misma vulnerable de una forma tan personal.

Permitan que estos salmos modernos los lleven a una relación más personal con el Padre Celestial."

-- **Liliane G.H. (Rood) Vernaud**
Pastora Misionera de la Republica Democrática de Congo

Cartas de Dulce Amor a Jesus

Tú viaje de 90 días de intimidad con Jesús

Crystal G.H. Lowery

Lo Que Otros Están Diciendo

"Este fantástico devocional de Crystal Lowery es perfecto para la persona ocupada, que quiere disfrutar, (aunque sólo sea por unos minutos) diariamente en el amor que tienen por el Señor. Como un hombre de negocios que una vez me dijo que le costaba saber cómo estar íntimo con el Señor. Así que, en las reuniones, explico: "A menudo me aferro a las oraciones de ellos, escucho cuando oran por mí, entonces puedo sentir rápidamente el amor de Dios por mí y mi amor por Él". El devocional de Crystal, Cartas de Dulce Amor a Jesús está listo para que tú y yo añadamos nuestro "sí" y "amén" al suyo mientras ella alcanza Su trono. A medida que Crystal registra su oración devocional diaria al Señor, podemos agregar o acoplarnos fácilmente a la suya, y experimentar y expresar personalmente nuestro amor por Dios. Este es mi tipo de devocional, uno que nos facilita entrar en Su presencia. ¡Consigue este devocional y mientras estás en ello, compra uno como regalo para un amigo!"

-- **Steve Shultz,**
Fundador y Presidente, The Elijah List and Elijah Streams TV

"Habiendo experimentado una pérdida traumática, en la muerte de su esposo, Crystal se enfrentó a la decisión de aferrarse a su fe y confianza en Dios, a pesar de que su oración para que su esposo fuera sano, no fue respondida de la manera que ella había esperado. Fue durante esta época de necesitar respuestas a preguntas muy reales que pasó horas buscando al Señor. A partir de ese momento, en Su presencia, se derramó gracia y paz en ella y surgió una nueva profundidad de amor por su Salvador y Señor.

Al igual que en la historia de Rut en la Biblia, su decisión de seguir el plan de Dios y confiar en Su propósito, a pesar de su pérdida, trajo un amor por su "Boaz", el Señor Jesús, que se refleja elocuentemente y en estas 'Cartas de Dulce Amor a Jesús'. Me complace decirles que estos escritos son similares a los Salmos basados en la Palabra de Dios".

-- **Jim Cernero,**
Avivador | Pastor | Ministro de Alabanza y Sanidades | and Autor
<u>www.jimcernero.org</u>

"Crystal ha capturado el verdadero corazón del amor nupcial. ¡Toda oración, toda comunión íntima con el Señor, arde con la llama del amor! Cada página.es una muestra divina de las marcas y cicatrices de su corazón".

-- **Pastor Theo Koulianos, Sr.**
Jesús Center

"¡Todos sabemos que, en medio de nuestro mayor sufrimiento, Dios es el más cercano a nosotros! Estas 'Cartas de Dulce Amor a Jesús' vinieron directamente del corazón de Crystal durante su temporada más difícil, después de haber perdido a su amado esposo. Recomendamos altamente este devocional. ¡El Espíritu Santo te llevará a una relación íntima más cercana con Jesús!"

-- **Apóstoles Kiril y Angelina Istatkov,**
Kiril Istatkov Ministries, Charleston, SC

"Crystal ha escrito una clase de devocional diferente. Poniendo palabras a lo que todos nosotros pensamos, ella realmente ha escrito como lo sugiere el título, Cartas de Amor a su Señor.

Cautivador y edificante, su libro es una adición única a tu librería bíblica.

-- **Chuck Girard**
CCM Artista

© Copyright 2019 Crystal G.H. Lowery

Todos los derechos reservados. Ninguna parte de esta publicación podrá ser reproducida o transmitida de ninguna forma o por ningún medio, electrónico o mecánico, incluyendo fotocopias y registros, o por cualquier sistema de almacenamiento y recuperación de información, excepto en el caso de citas breves para su uso en artículos y sin el permiso por escrito del autor. Las opiniones expresadas en este libro son del autor y no reflejan necesariamente las de la editorial.

Se citan las versiones de las que se toman las citas de las Escrituras.

www.WorldwidePublishingGroup.com

7710-T Cherry Park Dr, Ste 224

Houston, Texas 77095

(713) 766-4271

ISBN: 978-1-68411-862-5

Prólogo

Recomiendo de todo corazón este viaje de 90 días a todos los que buscan el premio más alto en la vida. Cultivar una vida íntima, profunda con Jesucristo es literalmente el pináculo de toda la existencia de la vida. En esta experiencia de tres meses, Crystal te guiará al mayor encuentro de todos; quedar intensamente enamorado del Amor mismo. Crystal es una de las amantes de Jesús más humildes, auténticas y genuinas en esta época actual en la que Dios se está levantando de una manera tan profunda para tocar a las naciones del mundo. Lo que admiro y honro de Crystal es que ella camina en el mismo manuscrito escrito frente a ustedes. Ella ha aprendido a patinar a través de las pruebas y las victorias de la vida, desde el lugar del abrazo eterno. Crystal vive una vida de unión con Jesucristo, el Rey, su Esposo. Esta guía inspirada por el Espíritu seguramente transformará tu vida para siempre y te dejará marcado por el Amor Divino.

Brian Guerin, Presidente fundador

Bridal Glory International

Prólogo

Cuando Conocí a Crystal Lowery, sabía que había algo diferente, algo extraordinario en el corazón de esta mujer. Ella no sólo tenía un resplandor del amor de Dios, sino que había una inocencia en su rostro y en su fe que me hizo respirar profundamente. Sin esfuerzo, compartimos nuestras historias y los encuentros con el amor de Dios que habían cambiado nuestras vidas.

Ella compartió su deseo de publicar un libro que estaba escribiendo titulado "Cartas de Dulce Amor a Jesús". Yo estaba emocionado porque era obvio para mí, que el pozo de su alma era profundo con verdades que cambian la vida.

Hoy en día, la iglesia y el mundo están inundados con libros de "Autoayuda". Los fans siempre elegirán el conocimiento, mientras que los seguidores abrazan la intimidad. Tenemos que tener cuidado de no permitir nunca que el *conocimiento de Dios* reemplace la *intimidad con Dios*. Hemos creado un sistema centrado en el aprendizaje, nuestra configuración predeterminada es el conocimiento, y no la intimidad. Ahora, por favor no me malinterpretes, estudiar y aprender de la Palabra de Dios es invaluable. Jesús mismo, se refirió, leyó y citó todo tipo de pasajes del Antiguo Testamento, una amplia prueba de que había estudiado la Palabra de Dios con gran cuidado y diligencia.

Sin embargo, no podemos esperar que el conocimiento reemplace la intimidad, aunque a menudo intentamos hacerlo. Y creo que tratamos de sustituir el conocimiento por intimidad porque el conocimiento es mucho más fácil. Es fácil para nosotros decir, "Bueno, yo sé acerca de Jesús", pero Él quiere conocernos.

En "Cartas de Dulce Amor a Jesús", Crystal se hace vulnerable, mostrando su hambre de conocer y que le sea dado a conocer. Ella nos permite echar un vistazo a la devoción de su corazón, mientras anhela el corazón de Dios.

Recuerdo a Simón el fariseo en Lucas 7. Sabía mucho acerca de Jesús y sus enseñanzas y quería aprender más. Lo llama "maestro", eso me dice que está interesado en aprender de Jesús, pero no está abierto a Jesús. Pero hay una mujer en la historia que no lo fue a conocerle como maestro, sino como el amante de su alma.

Simón ve todo lo que esta mujer hace por Jesús, sus acciones embarazosas, y la Biblia nos dice: *"Cuando el fariseo que había invitado a Jesús vio esto, se dijo a sí mismo: 'Si este hombre fuera un profeta, él sabría quién lo está tocando y qué clase de mujer es, que ella es una pecadora.'"*(Lucas 7:39) Jesús sabiendo Los pensamientos de Simón, respondió, *"Mira, entré en esta casa. No me diste un beso, ni siquiera en mi mano. Ella no ha dejado de besarme los pies. No me diste nada para lavarme los pies, y ella me está lavando los pies con sus lágrimas. No me diste aceite de oliva para mi cabeza; ella ha vertido perfume en mis pies."*

Y la gente puede ver el quebrantamiento de esta mujer, y entonces Jesús se vuelve hacia ella y le dice: "Tus pecados son perdonados. Puedes ir en paz." Simón llevó a Jesús a la comida, pero todo lo que quería era conocimiento. Quería mantener las cosas superficiales, y definió su relación al no lavar los pies de Cristo, no importarle besarlo, no estar dispuesto a ungir su cabeza, pero esta mujer estaba dispuesta a abrir su corazón a Jesús. Gracias, Crystal, por hacerte vulnerable y por ser totalmente abierta y permitir que Jesús toque tu vida, para que pueda tocar la mía e innumerables otras.

Crystal, tú, mi amiga, eres una embajadora de Su amor, tu corazón ha impactado mi vida. Gracias por escribir "Cartas de Dulce Amor a Jesús" para beneficiar mi viaje con Dios. Ahora, estoy listo para escribir el mío, ¡gracias a ti!

Pastor Sam Hinn, *The Gathering Place*

Día 1

Gracias, Jesús, por amarme más allá de mi capacidad de comprender. Eres mi única fuente. Sólo tú puedes satisfacerme de verdad. Tú me conoces ¡Todo sobre mí! Me conocías antes de que naciera. Me apartaste. Me das un propósito. Haces que todos mis lugares vacíos se desborden y suavizas mis partes ásperas. Haces que mis lugares torcidos sean rectos. Haces ríos para mí en áreas de desierto. Satisfaces todas mis necesidades y me das los deseos de mi corazón. Me sorprendes más allá de lo que puedo preguntar o pensar. Estoy muy agradecida. Te amo por lo que eres. Puse toda mi adoración en ti. Me encanta que yo sea tuya y que seas mío. No lo quiero de otra manera. Estoy tan enamorada de ti.

Cantar de los Cantares 3:16 (KJV): *"Mi amado es mío, y yo soy de Él…"*

Día 2

Me he enamorado de ti, la canción más dulce de todos los tiempos. Me cantas a mí y sobre mí. Tu melodía envuelve mi vida, mi alma y mi espíritu. Tu voz es el sonido de las aguas que se precipitan. Daría mi vida por escuchar tu voz porque me encanta la música. Amo las palabras que hablas. Tus palabras en una melodía son gozo eterno para mi alma enferma de amor por ti. Eres mi amor. Yo fui la alegría puesta ante ti, fui el premio de tu sufrimiento y sacrificio. La canción que cantas es acerca de mí.

Cantar de los Cantares 2:1 (TPT) – *"Yo soy verdaderamente su rosa, el tema de su canción. ¡Estoy eclipsado por su amor creciendo en el valle!"*

Día 3

Gracias porque podemos ser uno en espíritu. Gracias porque esta unidad fluye hacia mi alma y cuerpo. Yo estoy en ti, y tú estás en mí. Mientras te miro, todo lo que veo es a ti y no a mí. Me desvanezco, y sólo te veo a ti. Me he convertido en la Sulamita de la Canción de Salomón, la forma femenina de la misma palabra utilizada para Salomón, el novio. Qué poderoso es esto cuando pienso en la unidad. Somos dos pero nos hemos convertido en uno. Deja que tu presencia se apodere de mí y me sature. Fúndeme a mí contigo mismo. Gracias por amarme.

1 Corintios 6:17 (TPT) – *"Pero aquel que se une a sí mismo con el Señor se mezcla en un solo espíritu con Él."*

Una nota de pie de página de la traducción Pasión – "En Cantares, la palabra para Sulamita y la palabra para Salomón se toman de la misma palabra de raíz hebrea. Uno es masculino, y el otro femenino. El nombre Salomón aparece siete veces en el libro, que nos señala al Rey perfecto, Jesucristo. Somos un espíritu con nuestro Rey, unidos a él. Te has convertido en la Sulamita."

Día 4

Gracias, Jesús, por invadir este lugar. Gracias por invadir mi vida y buscarme. Me persigues sin importar adónde vaya. Siempre estás donde yo estoy. Quiero estar donde tú estás. Deseo conocerte en plenitud en cada parte de mí y en mi vida. No quiero dar un paso más sin ti, ni tomar otro respiro sin ti. Eres mi propio aliento. Los pasos que doy son un camino que me has trazado, pasos de dónde has estado y a dónde vas. Nuestras huellas se incorporan juntas para formar un hermoso tapiz. Qué hermosa obra de arte, ver este tapiz, el camino de nuestra unidad. La tela está tejida dentro y fuera, representando nuestro viaje juntos. Gracias por tu amor, gracia y belleza. Estoy segura de que el tapiz terminado estará más allá de mi capacidad para comprender, pero estoy dispuesta, y mi deseo es seguir entrelazándome contigo. ¡Sé que lo mejor está por venir!

Cantar de los Cantares 1:5 (TPT) – *"...Aun así eres tan hermosa –como el tapiz de lino fino que cuelga en el Lugar Santo."*

Día 5

Te amo Jesús. Te doy todo de mí. Te doy este día, esta semana, este mes y este año. Te doy mi presente, mi pasado y mi futuro. Conviérteme en un reflejo de ti. Quita los lugares duros y ásperos que hay en mí. Remueve las partes feas. Deja que tu luz brille a través de mí. Irradia a través de mí. Ilumina a través de mí. La oscuridad no puede existir donde tú estás. Úsame como persona para magnificarte. Quiero ser tu lupa. Brilla a través de mí. El Espíritu Santo habla a través de mí hoy para magnificar y glorificar a Jesús. Te amo más que nunca. Quiero conocer tu amor por mí. Ayúdame a entender. Revélate a mí en nuevas y frescas maneras. Te amo.

Santiago 4:7 (NCV) – *"Así que entréguense por completo a Dios…"*

Día 6

Gracias Jesús, por amarme a mí. Soy el centro de la historia más romántica de todos los tiempos. Dios, me demostraste tu amor al dar a Jesús como regalo para que yo pueda ser redimida de la maldición. Soy redimida de la enfermedad, la pobreza, la deuda, la muerte, y todo mal traído a la tierra por la maldición. En cambio, tengo salud, riqueza, libertad de deuda, abundancia, vida y todo lo bueno que me has proporcionado. Gracias por que me quisiste tanto como para hacer esto. Te agradezco por cada bendición en mi vida. Sé que eres la fuente de toda bondad en mi vida. Te amo. Gracias por amarme. El precio que pagaste fue tan abundantemente perfecto, y ¿cómo no adorarte? Profundiza mi pasión por ti. Profundiza mi amor por ti. Ayúdame a conocer el amor por tu forma de ser amor. Eres el amor mismo. Derriba cada muro de limitación alrededor de mi comprensión del amor. Permito que el amor me invada. Te permito que me invadas. Te amo.

Juan 3:16 (TPT) – *"Porque de tal manera amó Dios al mundo – que dio a su hijo unigénito como un regalo. Para que así todos los que creyeran en él nunca perezcan sino que tengan una vida eterna."*

Día 7

Gracias Jesús, por cambiar mis estaciones. Gracias por lo nuevo y la frescura. Gracias por traer cambio a mi vida. Gracias por haber orquestado tras bambalinas todo por mí, y el resultado es abrumador para mi alma. No importan mis esfuerzos, se quedan cortos en comparación con la magnífica creatividad, el pensamiento y el amor que has derramado en mi futuro. Ya has estado en mi futuro, así como has estado en mi pasado y en mi presente. Estás en todos estos lugares ahora mismo. Eres victorioso por todas las circunstancias y cosas. La esterilidad que estaba en mi última estación se ha ido, y entro en el jardín de la fecundidad y la abundancia y la alegría. Gracias por haber preparado cosas tan maravillosas para mí. Me asombra tu poder y estoy tan asombrada de ti. Mi corazón no puede contener el amor que tengo por ti. Estoy tan agradecida y llena de amor.

Cantares 2:11 (TPT) – *"Las estaciones han cambiado, la esclavitud de tu invierno estéril ha terminado, y la estación de esconderse se ha acabado y ha ido."*

Día 8

Te amo Jesús. No hay nadie como tú. Te adoro por lo que eres. Espero en absoluta quietud y silencio ante ti. Confío en que me rescatarás de mi situación actual. Mi única esperanza y toda mi expectativa descansan en ti. Me consuela saber que nunca me has defraudado. Ni una sola vez me has fallado. Incluso en mi humanidad, me cubres con tu gracia. El aceite de tu gracia fluye y me cubre continuamente. Gracias por darme paz más allá de mi entendimiento. Esperaré en absoluta quietud el tiempo que sea necesario para que me rescates porque estoy en la presencia de Aquel que amo. Te amo, Jesús.

Salmo 62:5 (TPT) – *"Estoy de pie en absoluta quietud, en silencio frente a aquel que amo, esperando lo que sea necesario para que él me rescate. Solo Dios es mi Salvador, y Él no me fallará."*

Día 9

Jesús, cuánto te amo. Quiero tu presencia. Quédate conmigo y muéstrame tu rostro. Sé que siempre estás conmigo. Anhelo el día en que pueda verte continuamente. Sueño con estar en el cielo contigo, en la ciudad de la dicha. Uno de mis himnos favoritos es Sublime Gracia, y aunque quiero saturarme con las palabras de toda la canción, creo que mi verso favorito es el último.

"Y cuando hayamos estado ahí diez mil años,

Brillantes, iluminando como el Sol,

No tenemos menos días para cantar alabanzas a Dios

Que cuando comenzamos por primera vez."

Hasta ese momento, que sea en la tierra como en el cielo. Deja que llegue tu gloria. Deja que llegue tu presencia. Me desespero por estar en tu presencia. Deseo cantar a dúo contigo, un dueto divino, sobre nuestro amor el uno por el otro. Tengo sed de ti; Vengo a ti; Estoy corriendo hacia ti.

Apocalipsis 22:17 (TPT) – *"El Espíritu Santo y la esposa dicen ven en un dueto divino. Que todo aquel que escuche este dueto se una a ellos cantando, "ven." Que todos los que tengan sed espiritual digan, "Ven," y que todos los que anhelan el regalo del agua viva vengan y beban libremente. ¨ ¡Es mi regalo para ustedes!¨ Vengan.*

Día 10

Jesús, te amo. Amo todo sobre ti. Me encantan las palabras que dices. Me encanta tu Palabra. Tú eres la Palabra. Porque te amo, amo todo lo que dices. Me encanta cada palabra y todas ellas juntas. Me encanta su sonido. Me encanta su significado. Me encanta decir tus palabras. Estoy de acuerdo con tus palabras. Yo continuamente, día y noche, pongo tus palabras ante mí. Aprecio lo que dices. Lo que dices es quién eres. Eres igual a la Palabra porque eres uno y el mismo. Cuando hablo la palabra, te estoy hablando a ti. Cada célula de mi cuerpo presta atención y honra y respeta la autoridad y el dominio de tu gobierno. En cada situación de mi vida, tu palabra la cubre. En todas mis circunstancias, tu palabra tiene el control. Tu palabra siempre se transmite. Es infalible, tiene todo conocimiento, es completamente autoritaria, y no está sujeta a nada más.

Tu palabra es tu equivalente. A medida que me saturo, y me empapo en tu palabra, te conozco mejor, más profundo y más íntimamente. Tu palabra me da vida donde hubo muerte. Tu palabra me trae esperanza cuando no había más que duda. Tu palabra me da esperanza y un futuro donde había un pozo y un final. Tu palabra es mi vida. Me alimenta el alma. Me alimenta; Está viva; Es más afilada que cualquier arma. Es más poderoso que cualquier cosa que pueda venir en su contra. Gracias, Jesús, que eres la Palabra. Tu palabra está por encima de todas las demás palabras. Entro en acuerdo con Jesús cuando hablo su Palabra. Eres mi placer y mi pasión. Eres mi vida: tú, sólo tú, solamente tú.

Salmo 1: 2 (TPT) – "Su placer y su pasión se mantienen fieles a la Palabra del "Yo soy," meditando de día y de noche en la verdadera revelación de la luz."

Día 11

Estoy asombrada de ti Jesús. Me sorprendes constantemente. A medida que te conozco más profundo, revelas más de quién eres para mí. En mi mente finita, me pregunto por qué no te revelas todo a mí ahora. Sé que no sería capaz de comprender la riqueza y la forma más alta de todo lo que existe por la capacidad limitada de mi alma. A medida que crezco en quien me diseñaste para ser, deseo conocerte en esa plenitud e intimidad. Eres el principio de todo y el fin de todo. Eres todo en el medio. Tú eres el Alef y el Tav, el Alfa y Omega, la A y la Z. y todas letras en el medio. Tú eres la suma de todas las letras. Tú eres la Palabra. Yo hablo la Palabra. Yo te hablo a ti. Vive en mí. Rebosan mis labios. Deja que mis palabras te sean agradables. Sólo quiero decir lo que dice mi Padre. Eres todo para mí. Me sorprendes. Te amo con una ferocidad que me consume.

Apocalipsis 1:8 (TPT) – *"Yo soy el Alfa y la Omega, el principio y el fin..."*

Una nota de pie de página de la traducción Pasión– "Jesús afirma que tiene todo conocimiento y es la suma de toda verdad. No sólo es todas las letras, también es todo lo que las letras pueden transmitir.

Día 12

Jesús, te amo. Eres mi enfoque, mi deseo y mi anhelo. Revélate a mí de nuevas maneras. Gracias por nuestra relación personal y el tiempo que tenemos juntos. Amo cómo me hablas. Me encantan todas tus palabras. Me encanta tu voz. Lo que me dices, lo aprecio y lo atesoro firmemente. Los secretos que tenemos son demasiado valiosos para compartirlos. Me encanta tener secretos que sólo están entre nosotros. Me deleito continuamente con el maná oculto: tus palabras y tú mismo en mi corazón. Gracias por entregarte siempre a mí. Gracias por entregarte todo a mí. Quiero entregarme toda a ti. Gracias por un nuevo nombre que sólo yo conozco. Me encanta que seas todo poderoso y sin embargo, tan maravillosamente personal para mí. Te amo más allá de lo que mis palabras pueden expresar.

Apocalipsis 2:17 (TPT) – *"...a todo aquel que sea victorioso, le dejaré deleitarse con el maná escondido y le daré una piedra blanca brillante. Y en la piedra blanca estará escrito su Nuevo nombre, que solo conoce aquel que la recibe."*

Una nota de pie de página de la traducción Pasión – "Vemos que hay misterios personales impartidos al pueblo de Dios, es decir, secretos que están entre el creyente y Jesús. Sólo alguien dedicado a Dios podrá conocer el significado de la piedra blanca brillante y el nombre escrito sobre ella."

Día 13

Cuanto te agradezco Jesús, pues me has brindado una forma para ser como tú. Gracias por revelarte a mí. Gracias porque mis ojos están abiertos para verte. Gracias por que toda la esclavitud religiosa está rota y las cadenas han caído. Te agradezco porque por mi libertad, puedo correr hacia ti y transformarme a tu semejanza. Quiero ser una de tus rojos ardientes, identificable por tu sangre sobre mi vida. Estoy marcada por ti y estoy separada para siempre. Quiero ser lo que dices que soy. Gracias porque soy preciosa, valiosa e invaluable ante ti, una joya roja ardiente, enamorada de ti.

Apocalipsis 3:1 (TPT) – *"Escribe lo siguiente al mensajero de la congregación en Sardis…"*

Un nota del pie de página de la traducción Pasión – "Sardis puede significar 'aquellos que han escapado' o 'rojos' (joyas). Cómo debemos escapar de toda forma de servidumbre religiosa en nuestro camino hacia la semejanza de Cristo. Por la sangre de Cristo, somos redimidos y liberados para ser sus ardientes (rojos), como joyas ante Dios. Dos veces en la historia de Sardis habían caído en las manos de sus enemigos porque no estaban alertas y observando. Fue conquistada una vez en el 549 a. C. por el rey Ciro de Persia, y de nuevo en 214 a. C. por Antiocus el Grande. Por esta razón, la gente de Sardis estaba dormida y necesitaba un despertar"

Día 14

Gracias Jesús, por ser tú. No hay nadie como tú. Gracias por que me amas y quieres que sea tuya. Gracias porque estoy en tu corazón día y noche, sin fin. Gracias por haberte entregado por mí, un precio tan digno y precioso para que pueda ser tu novia. Me encanta que hayas estado parado en la puerta de mi corazón, llamando. No hay palabras para describir tal amor, porque tú eres exactamente eso. Eres tan maravilloso, tan hermoso, y tan lleno de todo lo que necesito. Te abro completamente la puerta de mi corazón. Mi respuesta a ti es "¡Sí!" Seré tu novia. Deseo ser tu novia. Anhelo ser tu futura esposa. Gracias, Jesús, mi Rey, mi Esposo. Te amo.

Apocalipsis 3:20 (TPT) – *"Observen, ¡estoy de pie frente a la puerta, tocando! Si tu corazón está abierto a escuchar mi voz y si abres la puerta, yo entraré a ti y cenaré contigo y tú conmigo."*

Una nota de pie de página de la traducción Pasión – "El arameo se puede traducir 'He estado de pie en la puerta, tocando.' Jesús tocando a la puerta nos señala el proceso de una antigua invitación de boda judía. En los días de Jesús, un novio y su padre llegaban a la puerta de la futura novia llevando la copa de compromiso y el precio de la novia. De pie afuera, golpeaban. Si se abrió completamente la puerta, estaban diciendo 'Sí, seré tu novia'. Jesús y su Padre, de la misma manera, están llamando a las puertas de nuestro corazón, invitándonos a ser la novia de Cristo."

"Esto probablemente se toma de Cantares 5:1-2, donde el rey llama a la puerta del corazón de la Sulamita, anhelando entrar y festejar con ella."

Día 15

Gracias Jesús, por estar hoy conmigo. Sé que estás justo a mi lado, frente a mí, y detrás de mí, ayudándome y guiándome en todos los sentidos. Cuando me ocupo y me quedo atrapada en todas las tareas de cada día, ahí estás conmigo. Cuando cada persona, al parecer, necesita algo de mí, estás ahí llenándome de nuevo. Cuando necesito energía, tú la provees. Cuando necesito descansar, me recuerdas que debo entrar en tu descanso perfecto. Cuando siento que mi vida consiste en un sinfín de tareas y proyectos, me das propósito. Cuando siento que estoy al final, me recuerdas que soy la cabeza y no la cola. Cuando siento presión y estrés, me lo quitas. Cuando tengo hambre, me alimentas. Dios, tú eres todo para mí. Tú me escuchas cuando necesito hablar con alguien. Tú me hablas cuando necesito oír. Tú me ayudas justo cuando lo necesito. Nunca me dejas. A través de todos los buenos momentos y todos los desafíos, estás ahí. Estoy tan desesperada por ti. Todos mis intentos son tan inútiles sin ti. Me alegro de que me ames y te preocupes por mí. Eres mi todo. En todo momento. Siempre te necesito más.

Hebreos 13:5 (TPT) – *"...Porque acaso no te ha promedio, '¡nunca te dejaré solo, nunca! ¡Y no!' ¡Nunca soltaré mi mano de tu vida!" Y yo nunca soltare mi agarre de tu vida""*

Día 16

Jesús, cuanto te amo. Hoy eres más preciado que nunca. Te adoro, Jesús. Eres tan maravilloso y digno. Incluso todos los ángeles se inclinan ante ti y te besan en la adoración. Quiero hablar contigo y oírte hablar conmigo. Quiero estar en silencio y quietud y solo estar en tu presencia. ¡Quiero tu toque sobre mí! Mi deseo por ti se profundiza con cada día y cada momento que pasa. Crezco y puedo darme cuenta de cuánto te necesito. Quédate conmigo todo el tiempo, dondequiera que vaya, en todo lo que hago, y en todo lo que digo. Permíteme ser brillo – una luz que refleje Tu gloria. Me inclino ante ti, te beso en adoración, y te adoro y te adoro total y completamente.

Hebreos 1:6 (TPT) – *"...Que todos los ángeles se inclinen ante Él y lo besen en adoración"*

Nota de pie de página de la traducción Pasión – "... La palabra griega para alabanza y adoración, proskuneo, incluye tres conceptos: 'inclinarse', 'besar', y 'rendir homenaje (adoración)...'

Día 17

Jesús, te doy mi corazón, mi alma, y todo lo que soy. Entrego a ti todos mis anhelos, mis deseos y mis metas. Quiero tu plan para mí. Agradezco que siempre me ames con una pasión ardiente. Gracias por juzgar lo que se interpone en el camino para que esté contigo. Soy tu novia, y te amo. Gracias por llegar y apoderarte de mí. Gracias por quererme. Gracias por que me amaste lo suficiente como para pagar un precio tan alto para que yo fuera tuya. Gracias por no estar moderadamente persuadido por mí, sino ferozmente apasionado hacia mí. Todo lo que puedo hacer es responderte con brazos implacables que están abiertos. Llévame a estar contigo. Quiero no simplemente estar contigo, en tu presencia, sino conocerte plenamente. Que mi amor hacia ti sea impulsado por fuego ardiente y pasión que son levantados y encendidos. Me cautivas con nuestra historia de amor, la historia que escribiste antes de crearme para ser tu amor

Apocalipsis 6:16 (TPT) – *"... Escóndenos pronto del glorioso rostro del que está sentado en el trono y de la ira del Cordero..."*

Una nota de pie de página de la traducción Pasión – "Pocas frases en la Biblia podrían parecer más contradictorias que 'la ira [enojo] del Cordero' (no la ira del León). Esto es correctivo y redentor – no ira bestial, sino pasión por juzgar lo que se interpone en el camino entre el Cordero y su novia. La palabra griega *'orge'* significa 'tender la mano con un deseo apasionado y apoderarse de'.

La definición más simple de la palabra griega '*orge'* podría ser 'pasión ardiente'".

Día 18

Jesús, gracias por tu amor abrumador y compasivo por mí. Gracias por que el amor mismo es tu propia naturaleza. Eres tú. Me sorprendes cada día con tu abrazo constante, tus besos interminables y tu dulce y apasionado deseo por mí. Gracias, Jesús, por simpatizar conmigo en mi humanidad. Gracias porque no sólo me amas con todo de ti, sino que eres el vencedor de todo lo caído. Eres mi Conquistador. Eres mi Victoria. Eres mi Sumo Sacerdote. Debido a esto, puedo acercarme libre y audazmente al lugar sagrado más íntimo– el lugar donde el amor es entronado – para recibir el beso de la misericordia y descubrir la gracia que necesito urgentemente. Mi barco está en una tormenta. Necesito tu gracia ahora. Gracias por estar siempre conmigo. Gracias por el acercamiento a tu amor, me fortaleces. Eres mi todo. Te amo.

Hebreos 4:16 (TPT) – *"Así que ahora venimos libre y audazmente a donde el amor es entronado, para recibir un beso de misericordia y descubrir la gracia que tan urgentemente necesitamos para que nos fortalezca en tiempo de debilidad."*

Día 19

Te amo y te alabo por encima de todo, Jesús. Tú eres el que me ama. Canto sobre tu amor por mí. Tu amor es fiel. Crees en mí. Tu amor me sostiene. Tu amor se derrama sobre mí continuamente, y llega a mis lugares más íntimos. Tu amor es tan asombroso, y necesito tu ayuda para expresar lo que significa y todo lo que es. Podría cantar de tu amor para siempre y aun así no agotar lo que significa para mí. Tu amor es interminable. Es inagotable. Nunca se agota. Me llena y se desborda de mí. Tu amor es un arroyo pacífico, y es una poderosa cascada. Tu amor es todo para mí. Es todo lo que necesito. Es todo lo que quiero. Es toda mi esperanza y deseo.

Tu amor me da alegría; Tu amor me da esperanza; Me da un propósito. No puedo esconderme de tu amor. Corro libremente hacia tu amor y digo: "¡Soy tuya!" Mis ojos siempre están en ti. Eres el centro de todo, mi enfoque, mi objetivo. Eres tú a quien amo en respuesta. Mi corazón desea amarte incluso una fracción de lo mucho que tú me amas. Quiero que mi amor por ti crezca y se expanda. ¿Puede mi amor igualar el tuyo? Tu amor es hermoso. Es perfecto. Gracias por haberme amado siempre. Gracias porque siempre me amarás. Corro continuamente hacia ti.

Salmo 101:1 (TPT) – *"Señor, cantaré de tu fiel amor por mí. Mi canto de alabanza tendrá tu justicia como tema."*

Día 20

Estoy continuamente asombrada por la verdad que continuamente me revelas. Puedo leer tu Palabra y tú me hablas. Gracias, Jesús, por ser la Palabra. Gracias por hablarme. Gracias por permitirme ser tu novia. Gracias porque como tu novia, soy tu aumento como tu contraparte. Sólo tú crearías tal relación y la diseñarías perfectamente. Yo soy la que amas, y tú te entregaste por mí. Yo era la alegría que tenías ante ti. A través de todo el dolor y el sufrimiento que ni siquiera puedo imaginar, lo hiciste por mí. Aún más, lo hiciste por mi crecimiento. Soy tu contraparte, y estoy completa por ti.

Todo lo que me falta, tú lo tienes. Todo lo que necesito, lo tienes. Todas mis necesidades, tú las suples; Todos mis deseos, tú los concedes; Todas mis lágrimas, tú las limpias. Me aumentas y me haces crecer en todos los sentidos. Yo soy tu gloria. Yo soy tu alegría, pero tú eres mi gloria y la plenitud de mi alegría. Estoy mareada por el concepto de nuestro amor el uno por el otro. Yo soy la que amas, y me pones frente a ti como tu recompensa. Eres tan bueno conmigo. Siempre eres bueno. Siempre eres amable. Siempre eres amoroso. Mis palabras no pueden expresar mi gratitud y agradecimiento hacia ti. Todo lo que puedo hacer es simplemente decirte que yo también te amo completamente.

Juan 3:30 (TPT) – *"Entonces es necesario que Él crezca y que yo disminuya."*

Una nota de pie de página de la traducción Pasión – "El aumento o crecimiento de Cristo en v.30 es la novia de Cristo en v.29. Somos el aumento de Cristo como su contraparte. Así como Eva fue el aumento de Adán, la novia es el aumento o extensión de Cristo en la tierra."

Día 21

Jesús, tú eres perfecto. Eres maravilloso. Eres encantador. Eres bello. Tienes un lugar perfecto para mí a tu lado. Quiero morar contigo y vivir a tu lado en tu brillante lugar de gloria. Gracias por permitirme el acceso a morar y hacer un hábitat para mi vida en este santuario, este brillante lugar de gloria. Me atrevo a morar contigo. Deja que sea yo. Anhelo morar contigo. Sólo quiero estar en tu presencia, con tu preciosa gloria irradiando sobre mí por toda la eternidad. Me acerqué a ti. Busco tu rostro. Busco tu presencia. Brilla sobre mí santo Jesús, mi absoluto todo. No puedo soportar estar sin el beneficio de estar en ese lugar tan cerca y escondida a tu lado, un lugar que has preparado para mí desde el principio. Está todo lo que necesito delante de mí, junto a mí, y brillando sobre mí. Estás muy vivo dentro de mí, porque te he dejado entrar en mis lugares más íntimos, y allí también te he proporcionado un lugar para que mores. Qué privilegio estar cerca de ti, tener tal acceso y oportunidad de vivir a tu lado en un lugar tan indescriptible, un lugar brillante de gloria.

Salmo 15:1 (TPT) – *"Señor, ¿quién se atreve a morar contigo? ¿Quién presume el privilegio de estar cerca de ti, viviendo a tu lado en el lugar brillante de gloria?"*

Notas de pie de página de la traducción Pasión – "... Es un canto que revela quién morará en la santa presencia de Dios y quién vivirá con él en la gloria del cielo. En realidad es una descripción del

hombre perfecto de Sión, Cristo Jesús y todos aquellos que se transforman en su imagen..."

"La palabra hebrea para 'santuario' es tomada de una palabra raíz para 'lugar brillante'".

Día 22

Estoy tan asombrada de ti. En todos los sentidos posibles, eres perfecto en ti mismo, en tu creación, en tu plan. Puse mi fe en ti. Puse toda mi confianza en ti y sólo en ti. Estoy convencida de que a medida que pasa el día, tienes todos los detalles de mi vida resueltos para mi beneficio. Me quedo en tu presencia donde anhelo estar. Te escucho y oigo lo que hablas. Te obedezco. Este es el deseo de mi corazón. Sé que me guías y estás tejiendo un maravilloso tapiz de detalles que en última instancia es para mí bien. Sé que me has llamado y has diseñado un propósito para mí. Esta es tu razón para crearme. Mientras me detengo contigo en las cámaras secretas, me transformo a tu semejanza, Jesús. Pusiste tu marca sobre mí. Estoy sellada para siempre. Al igual que una novia que lleva un anillo, estoy marcada visible y físicamente para ti. Estoy marcada en mi alma y en mi espíritu. Estoy sellada con un sello que no se puede romper. Soy tuya sin importar nada.

Romanos 8:28-29 (TPT) – *"Estamos convencidos que cada detalle de nuestras vidas está continuamente entrelazado para encajar en el perfecto plan de Dios de traer lo bueno a nuestras vidas, por cuanto lo amamos y hemos sido llamados a cumplir su propósito. Pues Él ya sabía todo acerca de nosotros desde antes de que naciéramos y nos destinó desde el principio a compartir la semejanza de Su Hijo.*

Nota de pie de página de la traducción Pasión – "... El arameo puede ser traducido 'nos selló' (con la marca de Dios sobre nosotros)..."

Día 23

Gracias Jesús, por ser el que está en el centro mismo del Trono de Dios. Tú eres el victorioso, el que vence, el radiante. Sólo tú puedes guiarme a la perfección y ser mi camino para la vida. Cuando pongo mis ojos en ti, tú me guías. Mientras miro tu belleza, me levantas. Mientras me maravilla tu asombro, me satisfaces. Haces que todos mis caminos rocosos sean suaves. Tu voz es calmante para mi alma. Tus palabras son como un bálsamo para mis heridas. Me pastoreas continuamente. Me llevas a fuentes eternas de agua de vida, porque tú eres el agua misma. Eres la vida misma. Gracias por limpiarme todas las lágrimas. Unges todas mis lágrimas y las conviertes en alegría. A medida que las borras, son reemplazadas por alegría y gozo. Úngeme, Jesús, no sólo mis lágrimas, sino mi vida misma. Te persigo. Te espero. Busca en mi corazón y mira cuánto te amo.

Apocalipsis 7:17 (TPT) – *"porque el Cordero que está en el centro del trono continuamente los pastorea a la vida – guiándolos a las eternas fuentes de agua de vida. ¡Y Dios secará de sus ojos hasta la última lagrima!"*

Notas de pie de página de la traducción Pasión – "... Como se tradujo del arameo. El corazón sacrificial de Cristo como Cordero los guiará y será su camino de vida."

"La palabra griega para 'ungir' es 'limpiar' o 'untar, embadurnar'. Es posible traducir esto "El ungirá cada lágrima derramada de sus ojos..."

Día 24

Jesús, verte con mis ojos, contemplar tu belleza, qué privilegio y honor es para mí mirar tu rostro. El poder y el amor que se irradia de tus ojos son puros y verdaderos. Tu mirada se atraviesa en mi corazón. Mi alma está suspendida en anticipación de sólo una palabra tuya. Toda mi expectativa está en ti. Me detendré en el lugar secreto, tan cerca de ti que pueda sentir tu toque. Anhelo el momento en que pueda tocarte. En ese momento, estoy convencida de que conoceré tu corazón, lo que te motiva y lo que te impulsa. Deseo tocar las cuerdas de tu corazón y escuchar la hermosa melodía, una melodía dulce y preciosa, una melodía de verdad y amor. Esta es una melodía que siempre ha sido y siempre será. De carácter atemporal. Absoluta en calidad. El sonido de la Expresión Viviente de Dios.

1 Juan 1:1 (TPT) – *"Lo vimos con nuestros propios ojos. Lo miramos y lo escuchamos hablar. Nuestras manos lo tocaron, el que fue desde el principio, la Viviente Expresión de Dios."*

Notas de pie de página de la traducción Pasión – "La palabra para 'tocar' es poética. Proviene de un verbo sensorial que significa 'tocar las cuerdas de un instrumento'. También se puede traducir 'sentir'... Es un pensamiento lo que Juan está diciendo: 'Hemos tocado los acordes de su ser y sentido lo que lo motivó, su melodía dentro'".

Día 25

Jesús, ¿Cómo puedo expresar mi amor a ti? ¿Acaso puedo comprender la magnitud de lo que mi amor debe ser para ti? Expande mi capacidad para amarte completa y totalmente. Conoces mi corazón. Tú me creaste. Estoy aquí para amarte. ¿Cómo pudiste concentrarte en mí y soportar la agonía completa y absoluta de la cruz? ¿Cómo podría ser la alegría que tenías ante ti? No entiendo cómo puede existir ese amor. ¿Cómo puede ser ese amor para mí? En los recovecos de mi mente, todavía no puedo imaginar o contener tal plenitud. Ayúdame a aceptar y llenarme de tu amor, contigo.

Gracias por no pensar en toda la terrible vergüenza que soportaste, junto con todo el dolor y el tormento. Todavía estoy aprendiendo del alcance y la profundidad de tu amor. Tomará toda una vida descubrir y crecer en el conocimiento de tu amor. Difícilmente puedo contener las expectativas de mi viaje. Con la intensidad con la que conozco y siento ahora, me atrevo a pedir más. Deja que la dicha que pretendiste en un principio sea el resultado de que yo sea la alegría ante ti, siempre teniéndote delante de mí. En esta coyuntura, en este cruce, nos veremos y estaremos cara a cara. Que este momento sea. Deja que esto perdure para siempre. Todo lo que puedo ver es amor delante de mí.

Hebreos 12:2 (TPT) – "*...Debido a que su corazón se centró en la alegría de saber que ustedes serían de Él, soportó la agonía*

de la cruz y conquistó su humillación, y ahora se sienta exaltado a la diestra del trono de Dios!"

Traducción Pasión Notas de pie de página – "Este fue el gozo de nuestra salvación. Puso ante sus ojos la dicha que compartiríamos para siempre con él, lo que le facultó para pasar por su agonía". Como se tradujo del arameo. El griego es 'no pensar en su vergüenza'".

Día 26

Jesús, hoy te amo más que nunca. Gracias porque tú has hecho que mi capacidad para amar crezca y se expanda. Permite que esto continúe a medida que yo reciba capa tras capa de revelación de ti. Estoy constantemente llena por ti. Yo estoy completa por ti. Todo lo que me falta, tú lo provees. Todo lo que necesito, lo haces disponible. Tu amor es interminable. A medida que continuamente voy más y más profundo en tu amor, me completas. La belleza y el misterio de tus caminos son que al mismo tiempo, te completo y te lleno. Me siento humillada y reconozco que tus caminos son mucho mejores que los míos. Todo lo que diseñas es tan perfecto y con propósito. Gracias por amarme. Te doy todo de mí y te pido que me ayudes a amarte de tal manera y en tal profundidad que te complazca.

Efesios 1:23 (TPT) – *"y ahora nosotros, su iglesia, somos su cuerpo en la tierra y quienes se llenan de quien lo llena todo"*

Una nota de pie de página de la traducción Pasión – "Es decir, mientras somos aquellos que somos llenos (completos) por Cristo, también lo completamos a Él (lo llenamos). Que maravilloso y humilde misterio es revelado en este versículo."

Día 27

Otro día ha llegado, Jesús. Hoy tengo grandes expectativas de ver tu rostro. Quiero memorizar todas las características de tu cara. Veo tus ojos y cómo me miran. Son penetrantes y todo lo saben, pero de alguna manera me abrazan perfectamente, lleno de amor. Podría mirarte a los ojos por toda la eternidad y nunca hacer nada más. Al mirarme a los ojos, sé que ves mi alma y el anhelo que tengo de amarte. Te lo digo todos los días, pero con cada día que viene, el anhelo se intensifica. Tengo un fuego ardiendo en mi interior que está flameante. Nada podrá apagar estas llamas ardientes que llevo dentro de mí.

Sólo tú eres mi fuente de agua, y sólo tu agua puede satisfacerme.

Necesito desesperadamente ver tu rostro. Revélate a mí. Mi vida está abierta a ti. De buen grado entrego todo delante de ti para servirte. Llévame en cada paso del camino, y seguiré obedientemente donde quiera que me muestres. Tus pasos están delante de mí, y pongo mis pies en las huellas moldeadas donde tus pies han estado – guiándome y mostrándome el camino perfecto. Mientras te sirvo y te amo, constantemente veo tu cara. No tengo otro lugar donde mirar porque siempre estás ante mí. Yo soy tuya. Has sido marcado por mí por medio de tus llagas. Ahora, márcame con tu amor. Estoy separada para ti y sólo para ti.

Apocalipsis 22:3 (TPT) – *"...Sus amorosos siervos le servirán; ellos constantemente verán su rostro y sus nombres estarán en sus mentes."*

Día 28

Jesús, te agradezco que me hayas dado otro día para amarte. Te estoy muy agradecida por lo que eres. Eres en quién he fijado mis ojos. En ti he puesto mi afecto. Eres el tesoro de mi corazón. Sé que soy especial para ti, que estoy apartada para ti, y que tu amor por mí es tan intenso, tan eterno, que nunca puedo entenderlo completamente con mi mente. Tu amor es tan inmutable. No se basa en tus sentimientos hacia mí ni en lo que hago o logro. Tu amor nunca disminuirá o dejará de existir.

Por toda la eternidad, tu amor es para mí. Me enamoro más de ti cada día mientras trato de comprender tu amor por mí, mientras corro a mirarte a los ojos y nunca quiero dejar el lugar privado y secreto creado sólo para que yo disfrute. Me encanta estar tan cerca de ti. Le pido a Dios que me muestre su rostro todos los días. Sé que cuando te veo, veo al Padre. Qué misterio, pero qué hermoso misterio. Descanso bajo la sombra de tus alas, las alas de los querubines que te rodean. Gracias por revelarme secretos. Me deleito continuamente de las revelaciones de tu pacto conmigo, promesas que son tan maravillosas, tan hermosas y tan preciosas para mí. Nunca quiero dejar tu lado. Nunca quiero dejar tu presencia. Quiero conocerte. Quiero amarte cada vez más.

Salmo 25:14 (TPT) – *"Hay un lugar privado reservado para los que aman a Dios, donde se sentaran cerca de Él y recibirán revelación – los secretos de sus promesas."*

Un pie de página de la traducción Pasión – "O 'pacto.'"

Día 29

Jesús, me has cautivado. Tienes mi alma. Tienes mi corazón. Tu amor me ha cogido y capturado. Te persigo apasionadamente. Esta es mi mayor esperanza, mi premio final, mi recompensa. Quiero estar contigo. Mi pasión descansa en tu amor. La necesidad desesperada que tengo de estar contigo se sacia en tu presencia. Sé que en tu presencia te tengo a ti. Todo de ti. Sólo para mí. Estoy unida a ti. Te amo tanto que no hay nada que pueda hacer con mi amor que me satisfaga sino estar contigo. Mi amor ha creado un vínculo profundo y emocional contigo que es inquebrantable. Estoy para siempre contigo, para nunca separarme. Por toda la eternidad, soy tuya. Anhelo estar contigo y abrazarte. Necesito tu toque. Tu abrazo me da fuerza y poder. Es el combustible para mi existencia. No puedo seguir sin él. No quiero que tu abrazo termine porque tú eres el Aquel que quiero. Eres mi amor.

Salmo 18:1 (TPT) – *"Señor, te amo apasionadamente, estoy ligado a ti, por ahora, ¡te has convertido en mi poder!"*

Una nota de pie de página de la traducción Pasión – "David no emplea la palabra hebrea común para 'amor', *'ahav*, sino que utiliza la palabra hebrea para 'compasión' o 'misericordia'. ¿Cómo podría David tener misericordia de Dios? La palabra que usa, *raham*, es la palabra utilizada para una madre que ama y compadece a su hijo tanto que se manifiesta en un profundo amor y vínculo emocional. Este concepto, un poco difícil de transmitir en español, lleva el

concepto de abrazar y tocar. Podría traducirse realmente, 'Señor, quiero abrazarte'. ¿Nunca te has sentido así?"

Día 30

Mi corazón está latiendo desde antes de estar hoy contigo. Te amo, Jesús. Amo todo sobre ti. Amo tu nombre. Jesús. Cuando digo tu nombre, no sólo todo el cielo y la tierra prestan atención, sino que mi corazón salta al sonido del nombre del que amo. Hazme doblar ante ti y asédiame, Jesús, de lo que está en mi futuro y en mi pasado. Estás por encima del tiempo. Has creado el tiempo, pero no se aplica a ti. Tú eres el principio y el fin y todas las cosas en el medio. Gracias porque has ido a mi futuro y sabes lo que hay ahí.

Tienes un plan perfecto para mi futuro, y caminaré contigo cada paso, pero, debido a tu amor por mí, estás siguiéndome por detrás para cubrirme desde el lugar de mi pasado. Tu mano siempre está sobre mí, y debo estar lo suficientemente cerca como para tocarte. Gracias por proteger mi futuro de mi pasado. Gracias por protegerme en el viaje. Gracias por rodearme con una canción de victoria. Cantas la victoria sobre mí. Cantas protección sobre mí. Cantas amor sobre mí. No puedo entender las profundidades de tu amor por mí, pero sé que estoy contigo y estoy para ti. Mi corazón te canta en armonía, la épica canción de amor de todos los tiempos.

Salmo139:5 (TPT) – *"Tú has ido a mi futuro a preparar el camino, y en bondad, vas detrás de mí para librarme de las heridas de mi pasado. Con tu mano de poder sobre mi vida, impartes una gran bendición sobre mí."*

Una nota de pie de página de la traducción Pasión – "tú me doblas [lit., 'me asedias] antes y detrás.' La implicación es que Dios lo protege de lo que puede venir en el futuro y de lo que ha sucedido en el pasado".

Día 31

Jesús, mi alma está de rodillas, inclinada ante ti, pidiendo tu presencia. Sé que tu presencia no es un sentimiento o una emoción, pero puedo decir que mis sentimientos y emociones siempre se ven afectados por ti – por tu cercanía. Mis ojos están abiertos y conscientes de las malas estrategias para interferir y robar mi alegría, pero no permitiré al ladrón llevarse mi alegría. Hay vacíos que sé que existen en mi vida. Existen en mis deseos, en mis sueños y en mis relaciones. Sé que eres el único que puede llenar esos lugares estériles y hacer crecer huertos donde antes había un desierto.

Siempre has existido, y siempre has sido. Todo encuentra la finalización en ti. Me completas y me llenas. Me quitas mis heridas, mi luto y mis sentimientos de falta. Me amas con un amor incomprensible. Me alegro de que me ames. No soy nada sin ti. Me perfeccionas. Conviertes mis cenizas en belleza, y estoy eternamente agradecida por tu amor. Gracias por tu presencia. Gracias por ayudarme a amarte cuando más necesito el amor. Eres mi todo. Te amo.

Colosenses 1:17 (TPT) – *"Él existió antes que todo fuera creado, y ahora todo se completa en Él"*.

Día 32

Jesús, Te amo. Amo tu presencia. Tu presencia eres tú. Cuando quiero escapar, tú estás conmigo. Cuando quiero esconderme, tú estás conmigo. Cuando desearía poder olvidarme a mí misma, sigues conmigo. La noche más oscura no puede ocultarme. El valle más bajo no puede ocultarme. El pozo más profundo no puede contenerme, porque estás ahí. Me atraes hacia ti. Me persigues cuando me siento maravillosa, y me persigues cuando me siento miserable. Me recuerdas tu presencia constante. No puedo ir a ningún lugar que esté demasiado lejos o demasiado oscuro o demasiado profundo donde no estés allí conmigo.

Tu amor me desea. Trae luz a mi noche. Estoy en el centro de tus pensamientos, y tu amor se centra en mí. ¿Cómo puedo comprender ese amor? Estoy muy agradecida por tu amor. Estoy tan feliz de que me persigas. No quiero dejar que mi gratitud disminuya o que mi amor se estanque por ti. Ayúdame a crecer y aumentar tu amor para que pueda amarte cada vez más. Que no haya oscuridad, sino sólo tú, luz brillante en mi alma. Brilla amor y penetra en mi corazón. Quiero ser completamente tuya.

Salmo 139:11 (TPT) – *"Es imposible desaparecer delante de ti o pedirle a la oscuridad que me oculte, pues tu presencia está en todas partes, llevando luz en medio de la noche."*

Día 33

Jesús, me desperté esta mañana con pensamientos de ti. A medida que los rayos naturales del sol se encontraron lentamente con las copas de los árboles, te agradecí por otro día. La belleza que has creado para mí hoy es sobrecogedora, pero miro más allá del campo natural y abro mi mirada hacia el que amo, de quien son mis pensamientos al despertarme y por quien me despierto. Mis ojos no pueden ser desviados para ver a nadie más. Están completamente aferrados a mi Jesús. Como un agarre, mi mirada fija está enfocada y aferrándose firmemente al amor puesto delante de mí. Te necesito hoy. Necesito que mis ojos siempre te miren. Mientras te contemplo, llenas mi alma. Tú eres la existencia misma de mí. Vivo para estar contigo.

Hebreos 12:2 (TPT) – *"Miramos lejos del campo natural, y fijamos nuestra miranda en Jesús…"*

Día 34

Jesús, esta mañana me despertaste con ternura para estar contigo. Te sentí a mí alrededor. Estoy tan agradecida de que cada día, estés conmigo. Mientras duermo toda la noche, me miras y sonríes. Todos los días, nunca dejo de sorprenderme de tu amor infinito por mí. Cada momento de mi vida estás pensando en mí. Pensaste en mí antes de que yo naciera. Tienes pensamientos y planes para mí por toda la eternidad. Cuando pienso en el número incalculable de granos de arena en un puñado, me tambaleo para imaginar el número total en la tierra. Al tratar de comprender este número casi imposible, sé que tus deseos hacia mí están por encima y más allá de la cantidad insuperable de arena en las costas. ¿Cómo puede ser posible? Tu amor es tan intenso, tan profundo, tan vasto y tan eterno que me arrodillo y me siento en total quietud contemplando quién eres. Eres tan precioso para mí. Eres lo más querido para mi corazón. Eres mi corazón. Te amo. Toma mi amor y sostenlo en tu corazón, Jesús.

Salmo 139:17-18 (TPT) – *"¡Cada momento estás pensando en mí! ¡Qué precioso y maravilloso considerar que me aprecias constantemente en cada pensamiento! ¡Oh Dios, tus deseos hacia mí son más que los granos de arena en cada orilla! Cuando me despierto cada mañana, sigues conmigo".*

Día 35

Jesús, tú eres en quien estoy enfocada hoy. Te he dado mi corazón y mi vida, todo de mí. Continuamente te doy todo de mí misma. Me examinó como mi peor crítico porque no quiero que ninguna parte de mi vida sea retenida de ti. Si hay algo que no te he dado del todo, déjame verlo. Revélamelo. Conoces mi corazón. Conoces mis deseos. Vivo para ti. Hago todo por ti. Respiro por ti. Eres mi aliento mismo, mi vida, mi propósito. Me entrego completamente a ti y me someto a ti. Te doy todo el dominio sobre mí. Derrama tu amor sobre mí. Derrámate sobre mí. Sumérgeme en tu presencia. Satúrame al conocerte a ti. Yo soy tuya. Soy una esclava de amor dedicada a ti, amándote, obedeciéndote, viviendo por ti y dando todo para ti. No quiero ser esclava de ninguna otra persona o cosa, sólo de ti. Solamente de ti. Me encanta ser tuya. Sé que soy tuya. Conozco mi identidad. Yo soy tuya, y tú eres mío. Estoy toda en esto. Nunca te dejaré, y sé que nunca me dejarás. Mi corazón late por tu presencia.

Santiago 1:1 (TPT) – "...*Soy esclavo de amor de Dios y del Señor Jesucristo...*"

Día 36

Jesús, hoy he puesto mis ojos en ti. Puse toda mi fe en ti. Te creo. Creo lo que dices. Creo en tu palabra. Tú eres la palabra. Todo sobre ti es verdad, porque eres la Verdad. Tu carácter es la verdad. Miro al campo invisible incluso cuando el campo visible parece imposible. Creo lo que dices de mí. Pongo toda mi confianza y toda mi fe en ti. Ayúdame a seguir adelante con mi fe poniéndola en acción. Creer solamente no me hará avanzar. Quiero ser como Abraham e intercambiar mi fe por tu justicia. Quiero estar de pie ante ti. Estoy comprometida a hacer y actuar en lo que digo que creo. Me acoplo completamente a vivir delante de ti. Te amaré haciendo lo que digo que creo.

Cuando me instruyas, y parezca imposible, te obedeceré y actuaré según tus instrucciones. Cuando tu palabra diga que recibo promesas, actuaré de acuerdo con esa palabra y viviré como si tuviera las promesas porque tu palabra dice que ya las tengo por fe. Quiero complacerte. Quiero obedecerte. Mírame como tu justicia. Mírame como una que está tan enamorada de ti. Que mi vida en su plenitud sea un acto vivo de amor para ti. Te honro con mi fe. Quiero traerte alegría con las acciones de mi vida. Quiero amarte con todo mi corazón. Intercambia todo esto y acéptalo como mi amor por ti.

Santiago 2:23 - 24 (TPT) – *"Así que de esta manera, la Escritura se cumplió: Debido a que Abraham creyó en Dios, su fe fue intercambiada por la justicia de Dios. ¡Así que se hizo*

conocido como el amigo amante de Dios! Así que ahora está claro que una persona es vista como justa a los ojos de Dios no sólo por la fe, sino por sus obras".

Día 37

Jesús, es maravilloso estar contigo hoy. He disfrutado de cada momento. Gracias por ser mi escudo. Me proteges porque me amas. Me proteges porque soy tuya. Te pertenezco. Me encanta cómo me rodeas. Tu presencia es un campo de protección a mi alrededor. Nada puede penetrar en tu presencia. No sólo me proteges de un lado, sino que eres un escudo a mí alrededor por todos lados. No hay lugar desprotegido porque así de maravilloso eres. Me sorprendes incluso en tu belleza al protegerme y poner escudo a mí alrededor. Me llevas hacia a ti y me proteges. Estás rodeándome. Conocerte de esta manera sólo profundiza mi amor por ti. Me siento tan segura al saber que el amor mismo me protege de la manera más completa e íntima. Déjame quedarme en este lugar de seguridad contigo, mi Escudo y Amante de mi alma.

Salmo 3:3 (TPT) – "Pero en lo más profundo de mi corazón sé verdaderamente que tú, Yahweh, te has convertido en mi Escudo; Me tomas y me rodeas contigo mismo. Tu gloria me cubre continuamente..."

Una nota de pie de página de la traducción Pasión – "Muchas traducciones lo traducen así 'Tu eres un escudo a mi alrededor'. El hebreo antiguo se puede traducir: 'Tú, oh Señor, eres mi cuidador' (Augustine). La implicación es que Dios nos protege llevándonos en sí mismo. Jesucristo es el salvador de la humanidad, el que se hizo carne. No sólo tomó nuestra naturaleza, sino que también tomó nuestros pecados para que pudiera llevarnos a la gloria".

Día 38

Jesús, tu rostro es tan hermoso. Tus características son tan encantadoras. Eres totalmente perfecto. Tú eres a quien amo. Paso mis momentos de vigilia pensando en ti, queriendo más de ti, queriendo estar cara a cara contigo. Continuamente me revelas más de ti mismo, llenándome cada vez más de ti. Estoy tan agradecida por la alegría con la que me saturas, la dicha que me has puesto delante y la vida victoriosa de resurrección que compraste para mí. La revelación continua de la vida de resurrección es el camino que me lleva cara a cara contigo. Quiero tu presencia. Quiero ver tu rostro. Quiero poner mis ojos en la belleza misma, la vida misma, y el amor mismo. Me ha cambiado para siempre tu presencia. Me transforma tu rostro. Te amo. Que el amor que tengo por ti refleje la intensidad y la pasión de mi deseo por ti.

Salmo 16:11 (TPT) – "Pues tú me traes una continua revelación de la vida de resurrección, del camino de la dicha que me lleva a estar cara a cara contigo."

Una nota de pie de página de la traducción Pasión – "No hay palabra hebrea para 'presencia'. Cuando el salmista quiso hablar de la presencia de Dios, usó la palabra hebrea para 'cara'."

Día 39

Jesús, ¿cómo puedo decirte la profundidad de mi amor por ti? Al amarte, revelas capa tras capa de profundidad que sólo podría imaginar. Mi mente tan siquiera puede contemplar lo que las capas futuras tienen. Obedezco tu instrucción de buscar tu rostro. Deseo obedecerte completa y plenamente. Necesito tu ayuda para tener éxito. La parte más íntima de mi ser te necesita, te quiere, y busca desesperadamente tu rostro. Qué hermoso eres para mí. Eres ligero para mi alma. Eres una fragancia dulce para mí. Eres el total de todo lo que necesito y deseo. Sólo eres tú, nada más. Mi dirección siempre es hacia ti. Mi enfoque está en tu rostro. Mi mirada está fija. Mi compromiso es inquebrantable. Mi decisión está resuelta. Es a ti a quien quiero. Te busco por la mañana, por la tarde y por la noche. Sé que te he encontrado. Sé que eres mío. Nunca dejaré de apoyarme en ti, perseguirte y buscarte con todo lo que soy. Estoy tan feliz, Jesús, con mi amor por ti.

Salmo 27:8 (TPT) – *"Señor, cuando me dijiste, 'busca mi rostro', mi ser respondió, 'estoy buscando tu rostro con todo mi corazón.'"*

Día 40

Anhelo cada momento de estar contigo, Jesús. Por encima de todo en mi vida, te quiero a ti. Deseo vivir contigo, no aparte de ti. Quiero estar tan cerca de ti en el lugar secreto que tienes sólo para mí. Quiero estar tan cerca de ti que no sólo esté en tu presencia, sino viendo tu rostro. Quiero tocarte. Quiero ver las características de tu rostro. Quiero mirarte a los ojos. Quiero ver el amor mirándome. Quiero ver el que llena todos mis lugares secos con pura belleza. Estoy llena de años viviendo contigo en tu casa, en la dicha que has creado para que yo disfrute. Me deleito en tu gloria. Estoy cubierta por la pesadez de tu presencia. Tu gracia me sostiene y me capacita. Plácete en mis oraciones a ti, en las palabras que te hablo, en mi comunión contigo. Disfruta de cómo vivo mi vida por ti. Lo hiciste todo por mí. Ahora, lo hago todo por ti.

Salmo 27:4 (TPT) – *"Esto es lo único que anhelo de Dios, lo único que busco por encima de todo: quiero el privilegio de vivir con él en cada momento en su casa, encontrar la dulce belleza de su rostro, lleno de asombro, deleitarme en su gloria y gracia. Quiero vivir mi vida tan cerca de él que se complazca en cada una de mis oraciones".*

Día 41

Jesús, eres tan bueno conmigo. Estoy tan agradecida de que me ames. Me encanta cómo me ves. Mi corazón está tan lleno de ti. La forma en que me miras es diferente a cualquier otra. Tu amor por mí supera a todo. Tu gracia para mí es perfecta; Tu perdón, incomparable. Tu misericordia y compasión por mí son absolutas. Me amas y me quieres de una manera que nadie más puede. Tienes ojos de amor puro por mí. Eres el amor mirándome. Tus ojos y tu mirada siempre están sobre mí. Tus pensamientos siempre están hacia mí. Me ves como la que amas. Te has entregado por mí total y completamente. Tu mirada irradia en mi alma. Cada momento estás posicionado hacia mí. Ayúdame a amarte como me amas a mí. Eres tan bueno conmigo. Tu amor nunca termina, nunca se acaba, nunca disminuye y nunca cambia. Ayúdame a comprender y estar saturado en tu increíble e incomprensible amor que es todo para mí. Estoy asombrada de que al mirarte, siempre me mires a través de los ojos del amor perfecto.

Salmo 25:6-7 (TPT) – *"...Siempre mírame a través de tus ojos de amor – tus ojos indulgentes de misericordia y compasión. Cuando pienses en mí, mírame como el que amas y cuidas. ¡Cuán bueno eres para mí!"*

Día 42

Jesús, te amo. Amo todo sobre ti. Me encanta que seas todo lo que necesito y todo lo que puedo desear. Tu cumples todos los anhelos que tengo, cada anhelo y cada necesidad. Me das todo lo que necesito. Me das los deseos de mi corazón. Tú me ayudas a hacer mis caminos tus caminos. Me ayudas a intercambiar mis pensamientos por tus pensamientos. Sabes el momento adecuado para todo. Tus caminos están por encima de mis caminos. A medida que crezco, me he convertido en tu semejanza, y tus caminos se convierten en míos. Envuelvo mi corazón en el tuyo. Moldéame en ti. Dame forma y transfórmame.

Te espero. Quiero estar contigo, estar en tu presencia. Quiero ver tu rostro. Quiero tu corazón. Quiero que mi vida refleje la belleza de cómo nos hemos entrelazado al punto de que ya somos inseparables. Sólo somos nosotros. Mi espera es simplemente estar contigo, y, al estar contigo, estar entrelazada donde no hay límites entre nosotros. El velo ha sido levantado. La barrera se ha roto. Somos uno en el corazón y en el propósito – envuelta en la belleza de estar juntos.

Salmo 25:5 (TPT) – *"... ¡He envuelto mi corazón en el tuyo!"*

Una nota de pie de página de la traducción Pasión – "La palabra hebrea más comúnmente traducida como 'esperar' (esperar en el Señor) es 'qavah', que también significa 'atar juntos por enroscamiento', o 'entrelazar' o 'envolver apretadamente'. Este es

un hermoso concepto de esperar a Dios, no como algo pasivo, sino para entrelazar nuestros corazones con él y sus propósitos".

Día 43

Solo hay uno que puede satisfacerme, que puede llenarme, que puede completarme. Eres tú, mi amado, Jesús. Jesús, tú eres a quien amo, y tú eres mío. Te amo en lo más profundo de mí ser. Te adoro con todo lo que hay dentro de mí. No hay nadie más como tú, Jesús. Me impresiona tu belleza. Me transforma tu gracia. He sido tomada por tu amor. Deseo permanecer en el lugar secreto aislada por toda la eternidad amándote solo a ti. No he sido engañada por el enamoramiento inmaduro. He sido consumida por un fuego de amor intenso que sólo es igualado y superado por tu amor por mí. Comprender tu amor por mí es inconmensurable e indescriptible. Revélame capa sobre dulce capa de amor tan verdadero y divino que mi vida pueda dedicarse a devolverte el mismo amor perfecto. Eres tan puro, encantador y verdadero. Tu eres el único digno de ser amado como mi único y verdadero amado.

Cantares 5:10 (TPT) – *"Sólo Él es mi amado..."*

Día 44

Jesús, te estoy amando en este momento. Seguiré amándote por todos los momentos de mi vida. Me muestras tu amor con los besos más dulces. Están llenos de susurros de tu amor apasionado y consumidor por mí. Eres tan perfecto. Todo sobre ti es tan perfecto. No hay defectos o imperfecciones en ti. Eres original. Eres exquisito desde todas las perspectivas. Eres el perfecto que busco. Te amo con un amor que crece y se profundiza día a día, momento a momento. Te amo porque tú eres tú. Me quisiste primero, pero ahora te amo a cambio. No hay nadie como tú. Eres mi complemento; eres mi confidente; eres mi amigo para siempre. No hay ningún lugar donde preferiría estar que contigo y siendo amada por ti. Me llenas el alma de alegría. Es puro. Es santo. Quiero que mi amor por ti refleje tu amor por mí.

Cantares 5:16 (TPT) – *"Más dulces son sus besos, incluso sus susurros de amor. Él es encantador en todos los sentidos y perfecto desde todos los puntos de vista. Si me preguntas por qué lo amo tanto, oh futuras esposas, es porque no hay nadie como él para mí. ¡Todo sobre él me llena de deseo santo! Ahora es mi amado, mi amigo, para siempre".*

Día 45

Jesús, has venido a mi rescate de nuevo. Me muestras constantemente misericordia, gracia y amor. Cuando mis sentimientos y emociones quieren dominar, te acercas a mí y me recuerdas suavemente tu amor por mí y que puedo "dejarte" ser mi todo. Me asfixias con amor divino. Quiero entrar en la puerta de tu corazón. Cedo mi corazón y me entrego a ti porque eres más que suficiente para mí. No hay nada que pueda hacer más que "dejarte obrar". Ayúdame a dejar de hacer y a rendirme, a darte paso a ti. Bajé mis brazos en rendición y te los abrí. Levanto la bandera blanca a mi propia voluntad y me entrego a ti. Cedo mi propio poder limitado a tu poder victorioso supremo. Dios, te "dejo" entrar en mí. Llévame y úsame, ámame y guárdame.

Cantares 1:2 (TPT) – *"Que me sofoque con besos – sus besos de Espíritu divino..."*

Una nota de pie de página de la traducción Pasión – "Para entrar en la puerta del corazón de Jesús, debemos comenzar diciendo: 'Déjalo'. Sólo le traemos un corazón cedido, rendido y debemos 'dejar que Él haga el resto'. La gracia amorosa de Dios significa que será suficiente para nosotros. Podemos 'dejar que Él sea todo para nosotros. No comenzamos por hacer, sino por ceder".

Día 46

Jesús, te amo. Eres realmente el único que puede amarme como lo haces tú. Es por tu sufrimiento que el amor perfecto puede ser mío. No puedo imaginar plenamente lo que sentiste, cuánta agonía insoportable soportaste y qué abandono cuestionaste. Jesús, ayúdame a entender este tipo de amor. Sudaste gotas de sangre en anticipación a este sufrimiento. Eres plenamente Dios y completamente humano, pero nunca escogiste mal. Incluso cuando pudiste haber elegido poner fin a la tortura y el dolor, lo soportaste porque me estabas mirando - tu alegría.

Tomaste toda cosa malvada, dolorosa y pecaminosa sobre ti mismo y por amor, soportaste y saliste victorioso. Eres como un manojo de mirra atado descansando sobre mi corazón. Fuiste clavado en la cruz y colgado allí en vergüenza y humillación, tomando lo peor de lo peor por mí. Incluso derrotaste a la muerte. Conquistaste todo el infierno por mí, y caminaste a través del fuego por mí. El amor no quería que yo soportara la vergüenza y el sufrimiento. Tú – Amor – lo hiciste por mí. Estarás sobre mi corazón todos mis días. Vivirás en mi corazón. Serás mi corazón.

Cantares 1:13 (TPT) – *"Como un paquete de mirra es mi amado, como un bulto de mirra atado que reposa sobre mi corazón."*

Una nota de pie de página de la traducción Pasión – "Este paquete de mirra atado es una imagen increíble de la cruz. La mirra, conocida como una especia embalsamadora, siempre está asociada

con el sufrimiento. El amor sufriente de Jesús estará sobre su corazón por el resto de sus días – la revelación de nuestro Amado atado a la cruz como un manojo de mirra."

Día 47

Jesús, cómo te amo cada vez más, más y más profundo cada día. Has venido a mí con tanto amor, y te he dado todo de mí misma. Hay un viñedo de amor donde nos encontramos donde se han plantado semillas. El viñedo está dando el hermoso fruto de nuestro amor. Mantendré este hermoso lugar protegido. No quiero ningún obstáculo a nuestra relación. No dejaré que un zorro astuto entre a asaltar nuestro jardín. Mi corazón está vigilado, y buscaré a los intrusos ocultos. Quiero que mi "sí" sea "sí", y que mi "no" sea "no". No quiero compromisos que se escondan en secreto para arrebatar la cosecha de frutas que cosecharemos. Te amo con ferocidad, y me comprometo a eliminar cualquier obstáculo que se interponga a nuestra unidad y plenitud juntos. Nuestra relación es verdadera y pura. Nuestra unidad no está manchada. En nuestro viñedo es donde el amor permanece y crece. Tú y yo cuidaremos y protegeremos nuestro hermoso lugar secreto.

Cantares 2:15 (TPT) – *"Debes atrapar a los zorros inquietantes, esos pequeños zorros astutos que obstaculizan nuestra relación. Porque asaltan nuestro viñedo de amor para arruinar lo que he plantado dentro de ti. ¿Los atraparás y me los quitarás? Lo haremos juntos."*

Una nota de pie de página de la traducción Pasión – "Estos 'zorros' son los compromisos que están ocultos en lo profundo de nuestros corazones. Son áreas de nuestra vida en las que aún no hemos permitido que brille la victoria de Cristo. Los zorros

impiden que el fruto de su Espíritu crezca dentro de nosotros."

Día 48

Jesús, te canto de mi abrumador amor por ti. La melodía que sale de mi alma transmite mi más alto elogio hacia ti y mi más profundo anhelo por ti. Puedo ver esta melodía que sale del lugar secreto oculto, y está fluyendo hacia arriba en suaves círculos majestuosos, ondulándose a medida que asciende hacia ti. La representación visual se parece al incienso, un hermoso aroma que es agradable para ti. Quiero ser el compositor de esta melodía, pero fue co-escrita por el Espíritu Santo, y te la ofrezco como parte de mis actos de amor.

Es una representación y manifestación de todo lo que anhelo estar contigo, cuánto te adoro, cuánto te amo con cada fibra de mi ser. Este regalo musical para ti tiene palabras que aún no he oído, pero sé que son el deseo de mi corazón. Es una canción que comenzó cuando me creaste, y no tiene fin. Durante siglos por venir, seguiré tocando esta hermosa composición que tiene tu justicia, tu amor, tu gracia y tu perfección absoluta como tema. Que mi vida muestre tan claramente mi amor y adoración por ti, a través de esta melodía interminable tocada por la orquesta de mi corazón.

Salmo 101:1 (TPT) – *"Señor, cantaré de tu fiel amor por mí. Mi canción de alabanza tendrá tu justicia como tema."*

Día 49

Me abruma y maravilla cuando imagino a los ancianos adorándote en los Cielos. Cuando contemplo esa escena, tú en el centro de todo y recibiendo alabanza, loor, amor y adoración, mi corazón es vencido por la emoción. No puedo evitar si no, esperar por este día. Qué glorioso estar en tu presencia junto con la congregación de adoradores, todos unidos para proclamar cuán digno eres. Te amo más que a nada ni a nadie. Eres el único digno de mi alabanza. No hay nadie más digno. Que se haga en la tierra como en el cielo.

Así que te adoro ahora sin cesar, día y noche. Te canto: ¡Santo, santo, santo eres!" ¡Tú eres el Todopoderoso! Estás dentro de mí, y nunca cambias. Como eras ayer, eres hoy, y lo serás mañana. Tú eres el que viene. Sé todo para mí como siempre lo has sido, como lo eres ahora y como siempre lo serás. ¿Cómo puedo expresar plenamente mi deseo de estar contigo? Mira la intensidad en mi corazón por ti. Continuamente rendiré todo lo que tengo a tus pies, te adoro y te canto. Eres el único para mí.

Apocalipsis 4:8 (TPT) – *"...Adoraban sin cesar, día y noche, cantando: 'Santo, Santo, Santo es el Señor Dios, ¡el Todopoderoso! ¡El que Era, el que Es, y el que ha de Venir!'"*

Notas de pie de página de la traducción Pasión – "El que fue (Cristo) en sus primeros años de vida es ahora el que está dentro de nosotros."

"O 'el que viene.' El viene a ser todo lo que está dentro de nosotros

Día 50

Jesús, te amo hoy más que nunca. Me comprometo a amarte todos mis días. No sólo quiero amarte, sino que quiero que mi amor por ti sea lo mejor que tengo para darte. Sé que soy tuya y siempre seré tuya y nunca dejarás de amarme. Dime que soy tu amada, la que piensas día y noche. No puedo desviarme de tenerte por encima de todo. A pesar de que he tomado una decisión firme de mantenerte en primer lugar, mi corazón no me dejará desviarme de amarte a ti.

He llegado demasiado lejos contigo para desviarme ahora. Mi amor por ti es apasionado y se eleva por encima de cualquier otra cosa o persona que trate de ser el objeto de mi afecto. Quiero amarte tan bien y tan perfectamente que estarás complacido. Quiero tus celos por mí. Quiero ser deseable para ti. Quiero ser con quien desees estar para siempre. No, nunca abandonaré ni olvidaré mi primer amor, el amor que encendió mi corazón, el amor que fue avivado por el viento de pureza y verdad absoluta, el amor que ahora es un fuego furioso que no puede ser contenido.

Apocalipsis 2:4 (TPT) – *"Pero tengo esto en contra de ti: has abandonado el amor apasionado que tuviste por mí al principio."*

Notas de pie de página de la traducción Pasión – "El significado de Efeso es 'deseable' o 'cariño'. Cada iglesia y cada creyente son deseables para Jesucristo, porque somos su novia. Esta es la palabra que un novio griego usaría para la chica con la que deseaba casarse..."

"O 'has abandonado tu primer amor'. La palabra griega para 'primero' (protos) significa 'principalmente', 'mejor', 'soberano', 'supremo', 'coronamiento', 'número uno'. Jesús se refiere al amor exclusivo que tiene el primer lugar en nuestros corazones por encima de todo."

Día 51

Jesús, estoy fija en ti. Levanto los ojos hacia ti. Tú estás donde yo quiero estar. Cierro los ojos al pasado. No hay lugar para mí allí. No recuerdo lo que he dejado atrás para ir en pos de ti, pues que no tengo una oportunidad digna en el pasado. Te estoy deseando desesperadamente. Anhelo la ciudad celestial donde moraremos el uno con el otro. Mis ojos de la fe están abiertos. Mi corazón mira hacia adelante. Hay algo mucho más grande que donde he estado. Abre las puertas del reino celestial para mí para que pueda entrar y estar en tu presencia. Vivo expectante de ti. Mi vida, en su suma, es sólo para estar contigo. Me encanta todo sobre ti. Hasta que aparezca la ciudad física, que esta ciudad celestial se establezca en mi corazón. Allí moraré contigo y estaré contigo, bebiendo en tu presencia, contemplando tu hermoso rostro y mirando a tus ojos de amor.

Hebreos 11:14-16 (TPT) – *"¡Porque claramente, aquellos que viven de esta manera están anhelando la aparición de una ciudad celestial! Si sus corazones aún estuvieran recordando lo que dejaron atrás, habrían encontrado la oportunidad de regresar. Sin embargo, no podían dar marcha atrás porque sus corazones estaban fijos en lo que era mucho mayor, es decir, el reino celestial!"*

Día 52

Jesús revélate a mí. Permíteme tener una mayor revelación de ti. Quita la barrera entre nosotros para que pueda ver tu rostro claramente. Quiero ver quién eres, tu naturaleza, Tu esencia. Déjeme conocerte por todos tus nombres. Hazme saber todos tus atributos. Dame conocimiento de ti, pero, aún más, dame a ti mismo Quiero estar contigo. Quiero vivir contigo. Quiero entrar en ti y recibir tu plenitud. Quiero cenar contigo y tener una comunión continua contigo. Quiero tu sangre y tu cuerpo.

Tomo todo de ti para todo mí ser. Quiero ser una contigo en toda tu gloria. Quiero verte por lo que realmente eres. Quita mis ideas preconcebidas de ti. Quítame lo que he oído de ti. Quiero que te reveles a mí, sólo tú y yo. Háblame directamente. Sólo quédate conmigo. Quiero conocerte por mí misma porque te necesito. Estoy buscando de ti, y estoy llamando a la puerta de tu corazón. Levanta el velo y déjame entrar. Gracias porque es más tu deseo de ser revelado a mí, que mi deseo de conocerte a ti. Te amo.

Colosenses 3:4 (TPT) – *"Y como Cristo mismo es visto por lo que realmente es, quien realmente eres también será revelado, ¡porque ahora eres uno con él en su gloria!"*

Día 53

Jesús, tengo un anhelo de morar contigo. Soy una extraña aquí. Estoy en una tierra extranjera. Mi cuerpo está aquí, pero mi alma y mi espíritu están inquietos. Mi alma va de un lugar a otro con la necesidad de establecerse, pero no hay lugar digno o aceptable. Permíteme trascender de este campo terrenal al campo celestial para poder estar contigo. Necesito comodidad y estabilidad. Te necesito. El lugar que anhelo es el lugar secreto contigo. Me encanta estar a la sombra de tus alas. Así como Adán caminó contigo y hablaste con él en la frescura del día, quiero que esa sea mi experiencia. Quiero que esa sea mi vida. Quiero que mi vida se viva justo a tu lado, que sea "jalada" hacia ti.

Cúbreme contigo mismo, cúbreme con las alas de protección. Rodéame y dame una morada de descanso, de amor, de sólo estar contigo. No pertenezco a ninguna parte, excepto contigo. Soy una extraña en una tierra extranjera mirando hacia ti. Eres mi destino, mi viaje y mi hoja de ruta. Eres todas las cosas para mí, Jesús. Siento que mi alma y mi espíritu podrían saltar de mi cuerpo para llegar a ti. Gracias que en mi búsqueda de estar contigo, tú me has sobrecogido y ya me has agarrado. Me has conocido y te has acercado a mí. Me has proporcionado el lugar secreto justo donde estoy porque me amas. Estoy tan enamorada de ti Jesús.

Hebreos 11:13 (TPT) – *"Todos ellos vivieron sus vidas como aquellos que pertenecen a otro reino."*

Una nota de pie de página de la traducción Pasión–
"O 'como extraños y nómadas en la tierra.'"

Día 54

Jesús, cómo te amo. Cuánto anhelo por ti. Mi corazón se agita como un mar furioso violento con el deseo de llegar a las costas de la vida contigo. No hay manera de detenerse hasta que las olas de mi alma te alcancen. Mi corazón late a un ritmo tan rápido que siento que puede salir de mi pecho. Mira mi anhelo por ti. Mira mi deseo de complacerte. Mira mi voluntad de obedecer. Obra maravillas en mi vida, Jesús. Estoy dedicada a ti. Soy tu amante. Escucha mis oraciones. Escucha mis peticiones. Escucha el gemir desesperado de mis súplicas. Sé que nunca me dejarás. Sé que nunca apartarás tus ojos de mí. Tienes cosas maravillosas para mí. Me amas con una fiereza implacable que disipa todo miedo.

Quítame el temblor. Yo solo me siento en tu presencia con tu paz inundando mi alma. Libértame de las exigencias de aquellos que no oyen tu voz. No veo la salida, pero te veo a ti. Gracias por ser mi escape. Eres mi refugio de la tormenta. Llévame a ti y protégeme de tormento. Llévame y revélame tu maravilloso amor. Apártame para ti. Mientras los vientos tratan de tirarme de un lugar a otro sin una morada tranquila y amorosa, me atraes suave y amorosamente hacia ti y respondes a mi oración. Nunca olvidaré las cosas maravillosas que haces por mí. Escúchame decirte cuánto te amo.

Salmo 4:3 (TPT) – *"Nunca olvidemos que el Señor hace maravillas para cada uno de los que le aman devotamente. Así es como sé que él responderá a todas mis oraciones"*

Nota de pie de página de la traducción – " Algunos manuscritos dicen 'El Señor aparta al fiel, para sí mismo'. Otra posible traducción es 'El Señor me ha revelado su maravilloso amor'".

Día 55

Jesús, Hoy estoy nuevamente aquí para amarte. Has provocado mi corazón, y estoy segura de que estallará del volumen de amor que se ha acumulado. Te pido que me ensanches. Ensancha mi capacidad de amarte. Ensancha mi deseo por ti. No hay nada que no esté dispuesta a postrar ante ti. Te doy mi vida, mi aliento y mis hijos. Te doy todas las partes de mi vida, incluyendo mi carrera, mi casa y mis vehículos. Te doy todas mis finanzas. Te devuelvo todos mis talentos y dones. Jesús, no quiero ninguna de estas cosas sin ti. Déjame acostarme en un bosque abierto sin nada para cubrirme si no te tengo a ti. Toma todas estas cosas, - todos los pedazos de mi vida- y dales forma y púlelas. Remuévelas si es necesario.

Sólo quiero lo que tu plan perfecto es para mí. Que sólo puede venir de ti. Límpiame y purifícame. Deja que tu fuego caiga sobre mí y queme las partes muertas. Poda las ramas de mi vida que me drenan y son improductivas. Ayúdame a ver tu plan en medio de la limpieza. Tus caminos son mucho más altos que mis caminos, y confío plenamente en ti. Te digo todos los días que te amo. Esas no son sólo palabras que te hablo. Date cuenta que esas palabras unidas a mi vida, representan la riqueza de mi esencia y todo lo que tengo para ofrecerte. Te digo sí a ti. Soy tuya como una pieza de ajedrez. Muéveme donde me quieras. Colócame donde quieras. Estoy aquí por ti. Tómame y úsame. Ámame y presérvame. Te lo doy todo.

Salmo 5:3 (TPT) – *"...Cada mañana te presento en el altar los pedazos de mi vida y espero a que tu fuego se derrame sobre mi corazón."*

Día 56

Jesús, estoy tan contenta de que seas mío. Tengo todo lo que es tuyo. Hoy es el amanecer de una nueva época. Amaré tu palabra, cada letra, sílaba y definición. Tomaré tu nombre y lo amaré y lo atesoraré. Tu nombre es tan apreciado y valioso. Tengo tu nombre como propio. Estoy tan asombrada que puedo usar tu nombre con autoridad, y estar respaldada por todo el cielo. Tu nombre es más dulce que cualquier otro nombre. Es más alto que cualquier otro nombre. Cuando pienso en la majestad de tu nombre, me inclino. Jesús. Qué dulce, puro y santo.

Hay misterios ocultos en tu nombre. Atráeme a ti y revélame más. Estoy tan llena de alegría por morar en tu presencia. Eclípsame. El burbujeo dentro de mí es una fuente que está gritando de mi alegría debido a ti. Mientras susurro tu hermoso nombre, lo sostengo firmemente en mi corazón. Al hablar tu nombre con valentía, hablo autoridad y dominio. Al gritar tu nombre, envío alegría y gozo en los cielos y en la tierra. Cuánto me gusta tu nombre. Lo hablo una y otra vez, en voz alta y en mi corazón. Te amo. Jesús.

Salmo 5:11 (TPT) – *"Pero que todos se alegren, los que se apartan para esconderse en ti. ¡Que sigan gritando de alegría para siempre! Eclípsalos en tu Presencia mientras cantan y se regocijan. Entonces todo el que ame tu nombre estallará con una alegría sin fin."*

Día 57

Jesús, estoy muy agradecida por ti. Te amo con todo mí ser. Desearía tener otras palabras para expresar mi deseo por ti. Has hecho todo por mí. Lo has terminado todo. Tu trabajo está terminado. Completado. No me queda nada por hacer. Me encanta cómo estás ahora. Tú eres el victorioso. Tú eres el conquistador. Ahora tienes las llaves de la muerte. Estás por encima de todas las cosas. *Tú eres el más alto.* No hay nada ni nadie más alto. Tu nombre está por encima de todo nombre. Siéntate a la diestra de Dios ahora mismo. Eres tan glorioso, hermoso y precioso. Eres todo mío. Me has hecho ser como tú, tal como eres ahora. Gracias porque por ti, soy victoriosa y puedo conquistar todas las cosas. Gracias porque tengo tu nombre, tengo el poder y la autoridad de tu nombre ahora mismo.

Eres como ningún otro. No sólo me das tu amor, sino que me provees una buena vida. A pesar de que los dardos son disparados en mi dirección y puedo pasar por los desafíos más profundos de la vida, logro atravesarlos gracias a ti. No sólo los atravieso, sino que me haces cabeza y no cola. Tú mismo eres la gracia. Me haces pura y santa, me sientas contigo en el lado derecho de Dios. Gracias por darme el derecho de estar ante Dios. Cuando Él me mira, todo lo que ve eres tú. Gracias por defenderme y amarme. Tu amor es tan perfecto y tan puro. Es amor absoluto. Eres amor. De ti fluyen todas las cosas buenas y maravillosas. Estoy continuamente enamorándome más de ti. Quiero ser como tú. Cuanto más tiempo

paso contigo, más me transformo. Así como cuando Dios me mira, cuando me miro a mí misma, todo lo que quiero ver es a ti.

1 Juan 4:17 (TPT) – *"...porque todo lo que Jesús ahora es, nosotros también lo somos en este mundo."*

Una nota de pie de página de la traducción Pasión– "O 'porque somos lo que Él es en este mundo'. El verbo de tiempo verbal (tiempo gramatical) es importante. Nosotros no somos como Jesús era, sino que, por gracia, somos como Él es ahora: puros y santos, sentados en el cielo y glorificados... La fe nos ha transferido su justicia a nosotros."

Día 58

Jesús, hoy deseo caminar contigo. Toma mi mano y camina por el hermoso jardín de nuestro amor. Quiero estar contigo en el paraíso. Sólo tú y yo juntos. Necesito tiempo contigo. Vamos a dar un paseo tranquilo y calmado mientras disfrutamos de las hermosas flores y árboles mientras hablamos entre nosotros. Ven, y elige el lugar. Permanezcamos allí todo el día y estemos juntos. Sopla tu aliento sobre mí. Es la vida para mi espíritu. Hay un hermoso misterio en esta escena de nuestro paraíso de jardines. Tu luz ha brillado sobre mí, tu novia, la que amas. Es en mí, donde ahora encuentras el paraíso. Soy tu hermosa, tu santuario, tu jardín paradisíaco. Tus misterios son maravillosos y están coloreados de belleza. El misterio aquí es como un espejo que nos refleja el uno al otro. Te veo, y me ves como el deseo y el amor final el uno por el otro, trayendo de vuelta el diseño original de la creación por tu amor perfecto.

Cantares 4:16 (TPT) – *"...Ven camina conmigo como caminaste con Adán, en tu jardín paraíso..."*

Una nota de pie de página de la traducción Pasión– "La escena de un jardín y el aliento de Dios nos señalan de nuevo al Edén. Ahora, este paraíso se encuentra en su novia. Esta es la razón por la que se da la referencia de Adán: ayudar al lector a conectarse con el misterio de esta escena..."

Día 59

Jesús, siempre has sido y siempre serás. No tienes principio ni fin. Eres eterno. Siempre has estado para mí y siempre estarás conmigo. Tu amor por mí es eterno. Eres el más alto de toda la creación. Tú eres el Creador. Eres Dios en la carne. Tú eres la Palabra. Eres cada letra, cada combinación de letras, la suma de todo el idioma. Debido a que eres la Palabra eterna, has sacado a la luz la creación por tu autoexpresión. Tú eres la presencia misma de Dios que anhelo. Tu autoexpresión es tan creativa, tan única y, sin embargo, tan ordenada. Todo lo que existe es por ti. Jesús, tú eres el Mensaje. Cualquier otro mensaje está por debajo de ti. Tú eres el foco. Tú eres el Plan. Tú eres el plan maestro. Eres la perfección en forma visible.

Eres mucho más grande y abarcador que no puedo comprenderte completamente, pero tú eres el que anhelo en cada momento. Yo existo sólo para estar escondida a tu lado y disfrutar de tu presencia, tu cercanía y tu belleza. Siempre que te he necesitado, estabas ahí. Siempre lo has estado. Como te necesito ahora, estás aquí. En mi viaje en esta vida, sé que siempre estarás conmigo. Nunca terminas. Estás en todas partes a la vez. Estás en el pasado, el presente y el futuro a la misma vez. Trasciendes todo el tiempo. Me sorprendes. Estoy tan asombrada de ti y de todas las facetas de tu ser. Déjame conocerte más. Déjame entenderte más. Déjame estar contigo y amarte siempre de una manera que se acerque a cómo Tú me amas. Mi deseo es amarte eternamente ¿Puede mi amor viajar de vuelta para llegar a ti donde no tiene

comienzo? Ayúdame a amarte absolutamente y con mucha pureza. Deja que mi amor por ti avance para alcanzarte y rodear tu corazón por toda la eternidad sin fin.

Juan1:1 (TPT) – *"En el principio la Expresión Viviente ya estaba ahí."*

Una nota de pie de página de la traducción Pasión – "El griego es logos, que tiene una rica y variada experiencia tanto en la filosofía griega como en el judaísmo. Los griegos comparaban logos con el más alto principio del orden cósmico. El logos de Dios en el Antiguo Testamento es su poderosa autoexpresión en la creación, la revelación y la redención. En el Nuevo Testamento, tenemos esta nueva visión única de Dios que nos dio Juan, que significa la presencia de Dios mismo en la carne. Algunos han traducido este rico término como "Palabra". También podría traducirse como "Mensaje" o "Plano". Jesucristo es la Palabra eterna, la Palabra creativa y la Palabra hecha visible. Es la autoexpresión divina de todo lo que Dios es, contenido y revelado en la encarnación. Así como nos expresamos con palabras, Dios se ha expresado perfectamente en Cristo".

Día 60

Jesús, mientras medito acerca de todo sobre ti, viajo más y más profundo a un lugar de amor por ti. Me maravilla tu mano, con tu poder. Me siento a tus pies asombrada de ti. No soy nada sin ti. Verdaderamente, nada en absoluto. No existiría sin ti. Pensaste en mí en tu inspiración creativa y a través de tu poder me creaste. Querías amarme. Tú me diseñaste y me formaste. Te entregaste por mí, por tu amor por mí. Ayúdame a nunca olvidar lo especial que soy para ti. No soy insignificante para ti. Soy la niña de tus ojos. Me sostuviste y soplaste aliento de vida. No sólo me has dado una existencia; me has dado la vida verdadera. Me diste una vida física natural que es maravillosa. ¡También me has dado una vida espiritual, eterna e interminable!

Nada de esto podría haber pasado apartada de ti. Soy impotente por mi cuenta. Aunque pueda intentarlo o tener perseverancia, sigo sin ser nada sin ti. No tengo vida sin ti. Escasamente existo sin ti, tambaleándome y lista para caer en el foso de la oscuridad para siempre. Te amo, Jesús. Tenías el amor en mente antes de crearme. El amor siempre fue; El amor es siempre; El amor siempre será porque eres Amor. Porque eres Amor, me creaste. Querías entregarte a mí. Querías que tuviera amor para mí. ¿Cómo puedo decir cuánto te devuelvo tu amor? Todo está en tu mano, tu poder. Ahora me entrego a ti. Te amo con todas mis fuerzas y con todo mi poder. Te amo con toda la inspiración creativa que has puesto en mí. Te amo con toda mi vida, con todo mi aliento. Te amo porque

eres Amor. Te amo porque me amaste primero. Te amo porque eres tú.

Juan 1:3-4 (TPT) – *"Y por medio de su inspiración creativa esta Expresión Viviente hizo todas las cosas, ¡porque nada existe fuera de él! La vida vino a ser debido a él, pues su vida es luz para toda la humanidad."*

Una nota de pie de página de la traducción Pasión – "O 'todas las cosas sucedieron a causa de él, y nada sucedió aparte de él'. El arameo es, 'todo estaba en su mano' (de poder)..."

Día 61

Jesús, eres absoluta belleza y hermosura. No puedes ser menos que esto. Como el genio creativo que imaginó el universo y cada detalle del mismo, tu carácter es tan evidente en tu obra. Cuando miro el esplendor y la naturaleza gloriosa de la obra de tus manos, todo te señala a ti, el creador. La luna y las estrellas son una obra maestra en el lienzo del universo que has preparado para que disfrute. Son como joyas exquisitas que adornan el cielo.

Eres mi amor, mi todo. Es a ti a quien alabo por la maravillosa creación artística que existe. Sé que así como la luna y las estrellas fueron creadas y colocadas tan perfectamente, me has creado y me has colocado justo donde me quieres. Gracias por hacerme hermosa a tu vista. Eres lo más hermoso ante mis ojos. Abarcas mi visión. Tú, que eres todo para mí, mi creador, el que amo, me estás mirando, tu creación, con tus ojos de amor por mí. Te adoro. Te amo. Crea en mí una necesidad más profunda, un deseo más profundo y una capacidad más profunda para amarte —creador y amante de mi alma— Jesús.

Salmo 8:3 (TPT) – *"Mira el esplendor de tus cielos, tu genio creativo brillando en los cielos. Cuando miro tu luna y tus estrellas, montadas como joyas en sus escenarios, ¡sé que eres el artista fascinante que lo creó todo!"*

Día 62

Jesús, eres totalmente divino, sin embargo eres completamente humano. Eres plenamente Dios y plenamente hombre, en tu estado terrenal y en tu estado eterno. Me maravillaré contigo. Te amo. Viniste a la tierra para experimentar la humanidad, con el propósito de lograr la victoria total para mí. Una estrella apareció para guiar a los sabios hacia ti. Miraron a los cielos en busca de dirección y te encontraron. Yo también miro a los cielos por ti. Cuando viniste, opacaste a todas las otras estrellas. Tu luz brilló más pura y absolutamente más que todas las demás luces. Eres la brillante Estrella de la Mañana. Te llamas a ti mismo la brillante Estrella de la Mañana, así que te llamo la brillante Estrella de la Mañana.

Tú eres a quien busco. Tu luz brilla con amor por mí, y yo la sigo. Tu luz es verdad. Tu luz es amor. Brilla sobre mí y en mí. Ilumina mi alma con tu amor y bondad. Mi vida se inclina hacia ti como una flor, siguiendo la luz del sol durante todo el día, recibiendo energía, amor y vida. Me inclino por ti. Me acomodo a tu dirección. Porque estás tan cerca de mí, hago esto con facilidad, y satisfaces toda mi necesidad de tu toque. Refléjate en mí. Cuando otros me vean, que vean tu luz reflejada sobre mí. Que vean que eres mío y que yo soy tuya. Te amo. Te necesito. Te deseo. Necesito tenerte. Eres mi todo... mi brillante Estrella de la Mañana.

Apocalipsis 22:16 (TPT) – *"...Soy la brillante Estrella de la Mañana...."*

Día 63

Te amo Jesús! Hoy te bendigo. Deja que tu nombre esté en mis labios continuamente. Deja que mi amor se extienda en los tiempos maravillosos y en los tiempos difíciles. Te adoro, Jesús. Tú eres a quien amo, a quien anhelo. Me has dicho que me amas. Me muestras continuamente tu amor. Tu amor es eterno. No se puede agotar, y nunca terminará. Dura para siempre. Es eterno tal como tú eres eterno. Tú eres amor, así que el amor nunca puede terminar. Eres inmutable, el mismo en el pasado, el presente y el futuro. Lo que me has hablado no puede cambiar. Gracias por no cambiar nunca. Gracias por no poder cambiar.

Gracias por que Tu Amor nunca cambia hacia mí. Siempre me tienes en el centro de tu enfoque, en el centro de tu corazón.

Tal amor tan maravilloso y misericordioso es este que me seguiría y me recordará constantemente de tu presencia. Incluso cuando no siento Amor, estás conmigo, atrayéndome hacia ti, cada vez más cerca. Tu deseo es aún más fuerte que el mío para que estemos viviendo en la misma morada. Moldea mis deseos en tus deseos. Deja que mis deseos sean tus deseos. Que los deseos de nuestro corazón sean uno, que coincidan y se complementen al mismo tiempo. Tu amor es inquebrantable. Nunca me decepciona. Es perfecto en todos sus caminos. Tú eres Amor; eres infalible, eres Amor Eterno atrayéndome hacia ti. Te amo, Jesús. Acércame más. Ámame, implacablemente.

Jeremías 31:3 (NLT) – *"... 'Los he amado, mi pueblo, con amor eterno. Con un amor inquebrantable, los he atraído hacia mí.'"*

Día 64

Te amo Jesús. Gracias por haber levantado el velo entre nosotros. Gracias porque no hay separación ni barreras entre nosotros. No quiero una vista tenue y obstruida de ti. Quiero verte claramente y conocerte plenamente. Que nada nos separe. Más que transparencia; que haya una unión de nosotros en el espíritu para que no haya separación en absoluto. Levanta la barrera. Que no haya velo entre nosotros, que no nos escondamos el uno del otro, ni ninguna cobertura que nos separe. Te miro a ti, a aquel que amo, y digo: "¡Aquí estás!" Tú eres mío. Yo soy tuya. Eres tan digno de ser el único que amo. Te amo más allá de cualquier otro. Las palabras que utilizo no son adecuadas para describir tu posición insuperable. Nadie puede superarte. Algunos intentarán ir más allá de Tu cumbre, pero ninguno lo logrará. Te he elegido a ti. Solo a ti. Quédate cerca de mí. Te miro con asombro, en adoración, en el amor mientras levantas el velo. Estoy envuelta en tu gloria, completamente deshecha, y deslumbrada de la manera más apasionada por quien eres.

Apocalipsis 1:1 (TPT) – *"Esta es la revelación de Jesucristo…"*

Una nota de pie de página de la traducción Pasión – "El sustantivo griego "apokalypsis" es una palabra compuesta que se encuentra dieciocho veces en el Nuevo Testamento. Combina

apo (para levantar) con kaluptó (velo, piel, cubierta), por lo que podría traducirse 'el levantamiento del velo' o 'la revelación'. La implicación podría afirmarse simplemente: '¡Aquí está!' No es principalmente levantar el velo de los acontecimientos venideros, sino la revelación de Jesús."

Día 65

Jesús, gracias por amarme. Orquestaste un plan tan maravilloso de restauración para mí. Lo que creaste para que yo disfrutara no es una perdida. El paraíso que creaste que fue contaminado por el pecado ya no es alejado de mí. Creaste un lugar maravilloso para que yo habite - un jardín paradisíaco para mí para disfrutar de la tierra, la vegetación, la belleza del paisaje, y un lugar para morar contigo. Este es un lugar donde comulgamos. Es donde caminamos todos los días y hablamos y compartimos de nosotros mismos. Tú creaste un maravilloso árbol de la vida en este paraíso para mí. Quieres que me deleite con el fruto del árbol de la vida, para disfrutar de todos sus beneficios.

Lo bello de lo que restauras es que ahora tengo acceso a toda esta maravillosa creación y diseño que estaba destinado a mí. Este paraíso está ahora en mi corazón. Te amo, y tú moras en mí. Estás en mi corazón. Eres la esperanza de la gloria, y ahora estás en mi corazón. Vivimos juntos en el lugar secreto. Te he metido en mí, y hay un fruto que da vida a nuestra relación que disfrutaré, qué excelente plan. Eres el Dios de maravillas. Tú eres el Dios de todo lo que es bueno. Eres bueno. Eres amor. Lo que había sido perdido para mí por siempre ahora está viviendo en mi corazón. Gracias, Jesús, por desear vivir en mí. Que mi corazón sea un lugar hermoso y puro para que Tú habites. Toma la residencia y vive en mí para siempre. Te amo, Jesús

Apocalipsis 2:7 (TPT) – *"...A quien venza, le daré acceso a comer del fruto del árbol de la vida que se encuentra en el paraíso de Dios."*

Una nota de pie de página de la traducción Pasión – "El paraíso de Dios se encuentra ahora en el corazón de los seguidores amorosos de Jesús... El árbol de la vida es Cristo dentro de nosotros, la esperanza de gloria. El fruto de ese árbol está reservado para los que vencen."

Día 66

Jesús, te amo. Amo tus palabras. Me encanta todo lo que me dices. Atesoro todas tus palabras. Me aferro a cada palabra que dices. Quiero que mis palabras sean tus palabras. Que mis labios sean obedientes y se sometan a lo que hay en mi corazón. Estás en mi corazón, Jesús. Tú eres el amor mismo. Tú moras en mí. Deja que mi obediencia a ti refleje mi amor por ti. Que mis palabras se generen a partir del Amor que habita dentro de mí. Deja que mis palabras sean como un panal para ti, como la leche y la miel, dulces y satisfactorias para tus oídos. Transformarme en tu semejanza, en tu imagen, en un reflejo del Amor. Permite que sólo tú fluyas de mí. Deja que sólo tú llenes el contenedor de mi vida.

Lléname tanto que todo lo demás sea expulsado. Consúmeme completamente de tal manera que no quede espacio para una segunda opción. Te quiero solo a ti. Eres el único tan perfecto y tan completo que me satisface, porque anhelo tu leche y miel. Lléname con todo de ti, para que lo único fluyendo de mí sea tu leche y miel. En este punto, me convertiré en la Tierra Prometida para ti como una morada eterna. Este es mi deseo. Quiero ser tu deseo. No quiero ser una Tierra Prometida en desarrollo e inmadura que aún no está habitada, sino una Tierra Prometida completamente desarrollada y madura, una que has invadido y poseído y una en la que has determinado morar eternamente.

Cantares 4:11 (TPT) – *"Tus palabras amorosas son como miel para mí; tu lengua libera leche y miel, porque he encontrado la tierra prometida fluyendo dentro tuyo."*

Una nota de pie de página de la traducción Pasión – "Tanto la tierra prometida como el fluir del corazón con leche y miel. Te has convertido en la tierra prometida de Jesucristo."

Día 67

Jesús, te amo. Deja que mi vida fluya en la tuya. Que la pureza sea vista, como fluye este jardín de manantial. No hay una cantidad cuantificable de agua dentro de mí, pero, en cambio, hay un pozo de agua viva brotando. Soy como un arroyo de montaña que comenzó en algún lugar pequeño, pero ha crecido y madurado. Este arroyo se ha convertido en un torrente y ha seguido serpenteando y fluyendo sobre el terreno de mi alma. Se convirtió en un río que fluye y se ha acercado a las cataratas. A medida que el agua cristalina se acerca y cae en cascada sobre las cataratas, se convierte en una representación majestuosa y poderosa de la fuente de vida dentro de mí.

Esta fuente de vida interminable dentro de mí eres tú, Jesús. Mi manantial se secaría, y mi terreno estaría estéril sin ti. Ahora hay belleza y vida fluyendo de lo profundo de mi pozo interior. Mírate a ti mismo fluyendo de mi vida. Mira la majestuosa cascada y sonríe. Mira la niebla y el sol brillando a través de hermosos arco iris, que me recuerdan lo maravillosas que son tus promesas para mí. Estamos unidos como uno solo. A medida que tu vida se convierte en mi pozo profundo de agua viva, las caídas en cascada fluyen de vuelta a ti. La naturaleza de nuestro amor y unidad es hermosa. Sé mi fuente interminable, y yo eternamente fluiré de vuelta a ti, a mi destino, a mi habitación, a mi morada.

Cantares 4:15 (TPT) – *"Tu vida fluye en la mía, pura como un manantial de jardín. Una fuente de agua viva brota desde dentro*

de ti, como un arroyo de montaña que fluye hasta llegar a mi corazón."

Día 68

Jesús, eres el amor de mi vida. Eres el origen y creador de mi vida. Tu creatividad me diseñó. Fui diseñada para ser amada por ti y para amarte. Fui diseñada para ser tu novia. Eres más preciado para mí que cualquier otra cosa. Eres mucho mayor que los diamantes y las perlas. Eres más valioso que la tierra y los bienes raíces. Eres el más valioso, y eres invaluable. Pagaste el precio final por mí. Me compraste de vuelta del pozo. Tu amor por mí transformó mi historia, mi presente y mi futuro. Tú, que eres perfecto, te entregaste por mí. Tú fuiste perfeccionado por fuego, cuando ya eras perfecto.

Conquistaste todo lo que se oponía a ti, que estaba en tu contra. Te levantaste victorioso para tenerme para ti. Caminaste a través del fuego por mí. No hay impurezas unidas a ti, nunca habrá. Eres oro para mí. Eres el más valioso. Eres la riqueza más verdadera. Todo lo que necesito y deseo está en ti. Resplandeces brillantemente. Tu brillo supera a todos los demás, y tu valor no tiene precio. Contigo, soy rica más allá de lo que puede ser comparado. Tengo el deseo de mi corazón. Tengo todo en todo, mi todo. Eres realmente el estandarte de oro, y nada puede superarte. Me encanta no sólo una parte de ti, sino a todo de ti. Gracias por ser mi todo. Gracias por ser mi verdadera riqueza. Gracias por amarme.

Apocalipsis 3:18 (TPT) – *"Así que te aconsejo que compres oro perfeccionado por fuego para que puedas ser verdaderamente rico…"*

Una nota de pie de página de la traducción Pasión – "Es decir, Cristo será nuestro oro. La riqueza de Cristo no se compra con dinero, sino con fe...

Día 69

Jesús, ¡cómo te amo! Estás constantemente conmigo. Dondequiera que voy, todo lo que hago, estás conmigo. Abro los ojos para verte claramente. Estoy despierta para buscarte, para mirarte. No quiero echarte de menos. No quiero estar durmiendo, y que pases sin que yo lo sepa. Te estoy esperando y estoy lista para ti. Estoy preparada. Tú eres el que anhelo. Todos mis pensamientos son tuyos. Pienso en tu bondad, tu amor, tu misericordia y tu paz todo el día. Sueño con tu rostro. Anhelo mirarte a los ojos y hacer que tu mirada me atraiga. No seré inconsciente de tu venida. No estoy existiendo simplemente. Tengo vida en mí porque tú moras en mí. Ahuyento la muerte y en su lugar estoy decidida a vivir, estando despierta y alerta, no viviendo en el sueño. Quiero una visión clara, sin obstrucciones, para verte venir, como estás en verdad y perfección. Te amo, Jesús. Eres mi razón de vivir. Aparte de ti, no hay nada. Vivo la victoria gracias a ti, vistiéndome con una prenda blanca, en tu presencia. Vivo en ti; Me detengo en ti; Te amo. Tú eres mi vida. Eres mi amor. Estoy aquí con los ojos bien abiertos, anhelándote y amándote.

Apocalipsis 3:1 (TPT) – *"...Yo sé todo lo que haces, sé que tienes reputación de estar "vivo," ¡pero realmente estás muerto!"*

Día 70

Jesús, estoy desesperadamente tras tu corazón. Anhelo conocer tus deseos y satisfacer los anhelos de tu corazón. Todos los días, atiendo las actividades de cada día, pero en medio de todo esto, soy atraída hacía ti. Me siento tranquilamente y toco mi instrumento para ti. Canto de mi amor por ti, de mi alabanza por ti, de mi necesidad de ti. Te agradezco la hermosa belleza que me has dado en la naturaleza para disfrutar. Te agradezco por la completa y satisfactoria provisión que me envías. Te agradezco por rescatarme de mis enemigos. Te hablo de mi día, de mis desafíos y triunfos, de mis pensamientos más íntimos. Comparto mi vida contigo. Te doy mi vida. Quiero conocerte.

Como las ovejas conocen la voz del pastor, quiero conocer tu voz porque he estado con ustedes día tras día. Aunque mis actividades diarias parezcan insignificantes, sé que en medio de la insignificancia, me das un gran propósito. Me das fuerza y poder. Dame la llave de tu corazón. Me abres puertas que nadie puede cerrar; y cierras puertas para mí que nadie puede abrir. Dame la piedra para lanzarle al gigante en mi camino. Me das favor en lugares reales. Déjame vivir en tu gracia, con la llave de tu corazón. Sólo quiero conocer tu corazón íntimamente mientras habito contigo. Soy tuya, y te pido que me uses. Giro la cerradura y abro el corazón de amor para que se una a mí. Permite que la intimidad abunde. Abre puertas. Cierra puertas. Atráeme hacia ti. Atráeme a tu corazón.

¶Apocalipsis 3:7 (TPT) – *"...porque estas son las solemnes palabras del Santo, el verdadero, que tiene la llave de David, que abre puertas que nadie puede cerrar y que cierra puertas que nadie puede abrir..."*

Una nota de pie de página de la traducción Pasión – "La llave de David desbloquea la intimidad y la oración. David era un hombre que vivió en gracia siglos antes de que se revelara el evangelio de la gracia de Dios. En ese sentido, la llave de David le permitió ver el futuro y vivir en la gracia que se revelaría".

Día 71

Jesús, te amo y te doy la bienvenida a mi casa hoy. Eres el único al que te invito. No quiero que seas un visitante, sino que habites mi casa y en mi vida. Habita no sólo en las cuatro paredes de mi casa, sino en todos los lugares secretos de mi vida. Ocupa todo el lugar para que no haya espacio para nada ni nadie más. Tú tienes prioridad. Eres mi único. Así como te doy la bienvenida a mi morada, me correspondes. Sé que tengo una invitación permanente para morar en tu presencia. Me maravillo en tu amor por mí, en tu capacidad de amarme, en tu amor total por mí, en tu amor absoluto por mí. Estoy cubierta por tu pacto de misericordia y amor. Tu pacto no es rompible, y es eterno. ¿Cómo puedo ser yo la que merece tu amor?

Tal vez nunca sepa por qué me amas como lo haces, pero estoy muy agradecida. Estoy tan llena de amor por ti. Todos mis momentos son para ti; toda mi vida es para ti; mi todo es para ti. Que no haya casas separadas donde nos visitemos el uno al otro, sino un hogar conyugal que compartamos. Quiero vivir contigo, morar contigo, estar contigo. Esta casa que compartimos es el lugar secreto. En el lugar secreto, hay todo lo que querías que compartiésemos, que tengamos, que disfrutemos. Allí, encuentro una completa satisfacción bajo la sombra del Todopoderoso, llena de descanso, protección y amor. No hay que hacer, sólo estar el uno con el otro. El tiempo es irrelevante y desaparece. Ahí estamos... Disfrutando... Amándonos.

Salmo 5:7 (TPT) – *"Pero sé que me darás la bienvenida en tu casa, pues estoy cubierto por tu pacto de misericordia y amor."*

Día 72

Jesús, te amo más cada día. Ayer, no pensé que fuera posible amarte más, pero hoy, mi amor ha superado todas las otras marcas. Eres tan bueno y tan cierto, eres tan absoluto en todos los sentidos, bueno y perfecto. Dejé que tu amor se apoderara de mí. Eres tan puro. Eres tan radiante. Has sido purificado donde no se necesitaba purificación. Siempre has estado impecable e intachable – desde antes del tiempo, y lo serás después del tiempo. Estás superando con creces cualquier medida que pueda marcar. Incluso cuando calculo, eres incalculable. ¿Cómo puede mi mente comprender tu grandeza? ¿Cómo puedo entender tu amor? Me siento tan quieta y en silencio, apenas respiro, consumida por ti. Me alcanzaste. Tu brazo no es demasiado corto para agarrarme. Me diste todo de ti. Pagaste por mí con tu sangre. Amor carmesí, vierte sobre mí y lava mi túnica, limpia mi vida, y hazme blanca. Tomo tu sangre a cambio de que tú tomes la mía. ¡Qué misericordioso y cuán lleno de gracia está tu amor! Acércame. Atráeme a ti. Lávame por completo. Satúrame en tu sangre. Estoy marcada para ti. Tu sangre corre por mis venas. Mi corazón late con el amor de quien me dio todo.

Apocalipsis 7:14 (TPT) – *"...Ellos son los que han lavado sus túnicas y las han hecho blancas en la sangre del Cordero..."*

Día 73

Jesús, me consumes. Cuando mis sentimientos y emociones se deslizan por la pendiente de la desesperanza y la desesperación, estás a mi lado con los brazos extendidos listo para levantarme y llevarme de vuelta a donde debería estar. Sabes por lo que estoy pasando. Conoces mis pensamientos. Conoces los pensamientos que se dirigen hacía mí. Gracias por conocer mi corazón y conocer mi resolución. Te he dicho antes que es una cuestión ya resuelta – mi amor es completo y total por ti. Quiero caminar entregada a ti. Me someto a ti. Alineo mis caminos con tus caminos. Alineo mis pensamientos con tus pensamientos.

Tengo la mente de quien me ama. Tu amor por mí está más allá de cualquier palabra que pueda usar para describirlo. Va tan lejos, es tan alto, tan profundo, y tan ancho. Tu amor es extravagante. Siempre ha sido y nunca terminará. Jesús, entregaste tu vida como sacrificio por mí. Ahora, te entrego mi vida. Tu amor por mí es como un bálsamo suave y calmante que hace que todo sea nuevo y fresco. Este es un aroma de adoración que se eleva y llena la atmósfera. Deja que mi amor por ti sea el mismo. Deja que mi amor por ti sea un dulce aroma de adoración, agradable para ti, un bálsamo calmante para tu corazón. Deja que mi amor por ti sea extravagante, todo para ti, mi primero y único amor.

Efesios 5:2 (TPT) – *"Y seguir caminando a la rendición al amor extravagante de Cristo, pues el entregó su vida como sacrificio por nosotros. Su gran amor por nosotros fue agradable*

delante de Dios, como un aroma de adoración – una fragancia dulce y sanadora."

Día 74

Jesús, te amo. Yo te elijo a ti. Te elijo pase lo que pase, sin importar las circunstancias. Te amaré sin importar lo que venga a mi camino. Sé que eres Amor y que el Amor mismo me ama de una manera extravagante, tan lejos más allá de lo que pueda comprender. Te amaré aunque no entienda por lo que estoy atravesando. Tus caminos están muy por encima de mis caminos. Tus pensamientos son mucho más grandes que mis propios pensamientos. Conviérteme en un reflejo de ti, en mis pensamientos, en mis palabras y en mis errores. Te atesoro. Te adoro. Necesito tu presencia por encima de todo. Necesito tu presencia por encima de mi familia. Necesito tu presencia por encima de lo que creo que quiero. Necesito tu presencia por encima de mi propia vida. Esperaría a toda la eternidad solo para estar en tu presencia. Gracias por estar aquí conmigo y nunca dejarme. Gracias por haberte revelado a mí y por permitirme conocerte. Gracias por permitirme oír tu voz. Reconocería tu voz en cualquier lugar. Tú eres el que anhelo. Tú eres a quién busco. Tú eres a quien amo. Te elijo una y otra vez, y otra vez. Solo a ti. Eres mi único. Yo te elijo a ti. Te aprecio. Te necesito. Te amo.

Salmo 140:13 (TPT) – *"Los rectos que te aman te agradecerán sin importar lo que suceda. ¡Pues ellos eligen y aprecian tu presencia por encima de cualquier otra cosa!"*

Día 75

Jesús, me saturaré en tu presencia hoy. Alejé mi propia agenda y me sumergí en tu atmosfera. Me siento a tus pies para estar cerca de ti. Quiero mirar hacia arriba y verte delante de mí, mirándome con ojos de amor. Me llevas a ti mismo y me proteges. Me aprecias y me adoras. He encontrado el amor verdadero. Nunca necesito buscar de nuevo o preguntarme si otro es el indicado. Es a ti al que estuve buscando todo el tiempo. Tu sueltas la gracia que llena todos mis lugares más profundos y se desborda. Gracias por la misericordia inmerecida que me muestras continuamente. Una y otra vez aun con mis defectos, te inclinas hacia mí y con un toque tan suave, me dices cuánto me amas. Cuando me olvido en un momento, y mi carne trata de dar un paso atrás, te levantas misericordiosamente a mi lado y me recuerdas tu amor interminable por mí y quién soy. Me quitas toda mi preocupación y la reemplazas por una paz que no puedo entender completamente. Haces todo esto por mí. Has hecho todo lo posible para ser el único para mí. Eres tan bueno conmigo. Eres absoluto, perfecto, lleno de gracia y misericordia. Tu amor es tan puro y tan real para mí. Tu amor es tan genuino. Por fin, te he encontrado, amor verdadero.

2 Juan 3 (TPT) – *"Dios nuestro Padre y Jesucristo, su hijo, derramarán sobre nosotros desbordante gracia, misericordia y paz llena del verdadero amor."*

Día 76

Jesús, eres como ningún otro. Eres incomparable; eres el único que es digno. Estás por encima de todos los demás. Los superas a todos. Por más alto que sean los cielos, aún estás más alto. ¿Cómo puedo expresar mi amor por ti? ¿Cómo puedo expresar mi adoración por ti? ¿Cómo te puedo expresar mis elogios? La luz del amor brilló a mi propio ser - a mi núcleo y a mi existencia. Esta luz ilumina mi alma y hace brillar mis lugares oscuros. La luz brillante emana de ti mientras irradias el Amor a mi vida. Me has llevado y transformado en alguien agradable para ti – ¡en tu más deseada! Ya no existo simplemente, sino que tengo abundancia y plenitud: vida real y verdadera. Esto es sólo por ti. Vivo a través de ti, Jesús. Has creado una manera para que yo viva. Tú me creaste, y también creaste una vida para mí. Sin ti, no soy nada. Estoy rota, cansada y desplazada. No tengo hogar. No tengo ningún propósito. Contigo, tengo una vida que se desborda. Tú mismo me la diste. Me permites vivir en ti, vivir en tu mano de gracia. Me has dado todas las cosas, pero la más especial, la más importante es incomparable. Eres tú. Es el Amor.

I Juan 4:9 (TPT) – *"La luz del amor de Dios brilló en medio de nosotros cuando envió a su hijo inigualable al mundo para que pudiéramos vivir por medio de Él."*

Una nota de pie de página de la traducción pasión – "El arameo se puede traducir 'para que podamos vivir en su

mano', considerado como un modismo para vivir por su gracia."

Día 77

Jesús, te amo. Intento expresarme ante ti y decir lo que significas para mí, pero en muchos sentidos es inadecuado. Sé que conoces mi corazón, y me consuela saber que me entiendes. Me has amado con un amor que no tiene comienzo. Ayúdame a entender esto y a entender todo lo que significa. Tu amor es tan grande que sólo fue por y debido a tu amor que puedo ser libre. A pesar de que te amo con un amor tremendo, realmente no es comparable al tuyo. El tuyo es tan perfecto, tan verdadero, y tan absoluto para mí. Puedo escribir de tu amor, pero te pido que lleves más profundo en ti para que pueda comprenderlo. Expande mi mente. Expande mi corazón. Estírame. Moldéame. Conviérteme en lo que quieras, en lo que te plazca.

Invade mi vida. Cuando me mires, quiero que estés complacido. Sé que nunca dejarás de amarme y tu amor por mí nunca se tambaleará ni disminuirá, pero, aun así, quiero desesperadamente amarte y amarte más todo el tiempo. Toma mi corazón. Abre la puerta y libera una avalancha de adoración y amor por ti. Crea un pozo profundo dentro de mí, para que este flujo nunca termine. Me amabas sin yo darte amor a cambio. Tu amor siempre fue pleno, siempre perfecto y eterno. Ahora, te amo en respuesta. Te he encontrado. Nunca te perderé de vista. Tú eres mío, y yo definitivamente soy tuya. Esto es amor. Se trata de ti. Toma mi amor por ti y sostenlo firmemente. Es para ti y sólo para ti. Tú eres a quien amo. Hoy, mañana y por la eternidad.

1 Juan 4:10 (TPT) – *"Esto es amor. Él nos amó mucho antes que nosotros a Él. Fue su amor, no el nuestro…"*

Día 78

Jesús, te amo y te adoro con todo lo que tengo en mí. Te amo con toda mi comprensión. Te amo con toda mi voluntad. Te amo con todas mis emociones. Te amo con la humanidad que creaste como parte de mi ser. Te amo sin importar lo que sienta. Te amo a pesar de mis emociones. Te amo con mi sonrisa. Te amo con mis lágrimas. Te amo con todo mi corazón, alma y cada fibra de mí ser. Te amo con la última gota de energía que tengo. Sé que soy amada por ti. Soy el centro de tu deleite. Soy el objeto de tu afecto. Recibo tu amor y estoy tan contenta y satisfecha de estar a tu lado – en tu presencia, Tú mirándome con ojos tan completamente llenos de amor por mí. Tu amor por mí es tan inagotable, tan puro, sin mancha, nunca quiero dejarte. Me encanta tu amor. Eres amor, y yo te amo. Te amo porque me amaste primero, pero te amo sólo por lo que eres. Tu encuentras gozo en mí. Tu sonríes debido a mí. Te deleitas conmigo. Me deleito de saber que encantadamente me amas. Me encanta ser tu deleite. Amo cómo me amas.

1 Juan 4:11 (TPT) – *"Encantadores amados…"*

Día 79

Jesús, te amo. Amo tu amor perfecto que constantemente se derrama sobre mí. Me purifica. Me limpia. Me sana. Me hace completa. Me llena. Estoy asombrada por ti. Estoy maravillada de cómo eres tan incomparable, tan apartado, y aun así tan cercano. Me sorprende tu deseo de conocerme y estar conmigo. No puedo comprender lo que pasaste al entregarte por mí. La agonía y tortura que sufriste fue todo por mí. Es un concepto tan increíble, que no puedo comprender completamente. Mi alma está gritando dentro para poder entender completamente tu amor por mí. Físicamente me duelo por buscar en lo más profundo de ti. Quiero ser íntima con la perfección del amor. Quiero conocerte más plenamente en los campos profundos de tu corazón.

Gracias por que tu amor expulsa el miedo.

Gracias por que cuando tu amor está presente, tengo plenitud y paz más allá de cualquier cosa que pueda entender. Gracias por el amor que me guía y me sella con tu marca. Gracias por acabar con todos los rastros de rechazo en mí permitiendo que tu amor llene esas áreas secas, adoloridas y desesperadas de mi vida. Te necesito, Jesús. Estoy desesperada por ti. No puedo vivir ni un momento sin ti. No puedo vivir separada de ti. Nunca quiero sentir miedo donde hay desesperanza. Nunca quiero experimentar el rechazo sin saber que un amor perfecto me está alcanzando. Cuando lo que pienso que quiero pasa de largo, tú sigues conmigo. En ti están todas mis esperanzas y sueños, todo lo que puedo tener o ser. Está solo en ti.

Es solo a través de tu amor. Es a través de la perfección del amor que te encuentro.

1 Juan 4:18 (TPT) – *"El amor nunca trae consigo temor, pues el temor está relacionado al castigo. La perfección del amor echa fuera todo temor de castigo de nuestros corazones. Todo aquel que camine con miedo al castigo es porque no ha alcanzado el amor perfecto."*

Una nota de pie de página de la traducción pasión – *"El contexto inmediato muestra que es el miedo a la corrección, al 'castigo' o el rechazo. El arameo se puede traducir 'El miedo es sospechoso'"*

Día 80

Jesús, te amo completa y totalmente. Te amo apasionadamente y con una intensidad ardiente en mi corazón. No me importa nada de lo que el mundo me ofrece. Lo dejo completamente a un lado y sigo adelante para verte sólo a ti. Tú eres el amor mismo. Eres el amor verdadero. Eres la sustancia que todo el mundo está buscando. Tú eres lo que he encontrado. Llenas todas mis necesidades y todos mis deseos. En el proceso, me saturas por completo, y estoy pesada con el peso de tu presencia. Es a ti a quien llevo conmigo. No es algo que haya recogido de mis viajes en la vida. Dejo todo mi equipaje y sólo te llevo a ti conmigo. No quiero lo que se ve bien o es impresionante para otras personas. No quiero conocimientos retorcidos o contaminados.

Te quiero a ti.

Eres la expresión más completa de todo lo que podría esperar. Eres todo lo que aún no puedo imaginar. Eres el pináculo, el más alto. Te quiero conmigo. Quiero el amor mismo conmigo. Quiero tener una vida llena de ti – todo de ti en todo de mí. Quiero que los que me rodean me vean tan pura, tan radiante, tan poco común, tan genuina – quiero que sepan que he estado contigo y que estoy continuamente contigo. Te amo. Yo te llevo a ti. Estoy llena y saturada contigo. Sólo tú puedes ser mi fundamento. Sólo tú puedes ser mi muro. Sólo tú puedes ser mi techo. Sólo tú puedes llenar mi casa. Tú eres mi misma estructura. Eres mi contenido. Eres mi morada. Eres mi lugar secreto. Tú eres mi vida. Tu eres mi amor.

1 Corintios 8:1 (TPT) – *"...Pero el amor construye la estructura de nuestra nueva vida."*

Una nota de pie de página de la traducción pasión – "Es decir, el conocimiento puede hacer que una persona se vea importante, pero es sólo a través del amor que llegamos a las familias, y a otros. El amor es la sustancia más poderosa para construir lo que durará para siempre".

Día 81

Jesús, me maravillo de cómo me amas. Estoy completamente atraída a ti por cómo me amas. ¿Cómo puede ser un misterio para mí ese amor perfecto? ¿Cómo puedes crear tal divinidad y romance en la esencia del amor? Eres un creador increíble. Diseñaste el amor tan perfectamente, y, en su verdadera forma, es original en todos los aspectos. Me encanta que tú, Jesús, seas mi prometido, mi novio; y que tu amor por mí sea tan puro. Me encanta como me ves, como la que deseas, la que quieres, por la que lo harías y lo entregarías todo. Quiero dedicarme a ti, a amarte con ternura y afectuosamente con todo lo que tengo. Te pongo en el pedestal de mi corazón. Solo eres Tú quien que me conmueve. Haces que mi corazón palpite salvajemente y descanse tan contento. Soy para siempre tuya.

Me haces sonreír. Tu llenas todo de mí. La forma en que me miras me derrite. Me eleva de los pies. La forma en que tu mano se siente sosteniendo mi mano es reconfortante. Me moldeo a ti cuando me rodeas con tus brazos. Tu voz es inconfundible. Me aferro a cada palabra que dices. Mi mirada siempre está fija a tu rostro. Estar contigo es lo que quiero. Es todo lo que deseo. Es lo que me dirige. Lo que me motiva. Me alivia. Te deseo. Quiero tu amor - qué misterio. Sin embargo, lo que sé es que tú eres mío y yo soy tuya, para siempre. El amor me ha capturado. Enciérrame en tus brazos y nunca me dejes ir. Me maravilla el misterio del amor, pero estoy tan cautivada e hipnotizada por su creador. Te amo, Jesús. Con todo mi corazón. Con todo lo que soy. Por siempre.

Proverbios 30:18-19 (TPT) – *"Hay cuatro misterios maravillosos que son demasiado asombrosos como para comprender - ¿Quién podría explicarlos por completo? ...y la forma en la que el novio se enamora de la novia."*

Una nota de pie de página de la traducción Pasión – "... Más importante aún, esta es una hermosa metáfora del misterio del amor de nuestro Esposo celestial (Jesús), que es romántico con su futura esposa y nos eleva de nuestros pies. El amor es un misterio."

Día 82

Jesús, te amo más allá de mí misma y de mi capacidad. Quiero complacerte. Quiero que ames cómo te represento. Quiero ser tu novia perfecta, tan virtuosa y victoriosa, un reflejo de quién eres. Vierte tu amor sobre mí y satúrame con tu gracia para que pueda ser tu contraparte, llena de virtud. Ayúdame a tener fuerza y resistencia para que mi papel e identidad como tu novia sea fluida y sin esfuerzo. Deja que mi carácter sea noble y represente tu estatura, tu medida. Con todo lo que digo, con todo lo que hago, con todo lo que pienso, con todo lo que soy, haz que agote los límites de tu deseo y plan para la novia perfecta. Quiero ser hermosa en tus ojos, llena de gracia interior que fluya hacia afuera. Quiero ser diligente, una administradora de los talentos y dones que me has dado. Quiero estar llena de tu conocimiento, sabiduría, discernimiento y prudencia. Quiero ser quien me has creado para ser. Déjame honrarte, mi futuro esposo, y siempre hacer que tu nombre sea grande. Te amo Jesús, mi único y valiente prometido, el que consume mi corazón. Cuando me veas, cuando pienses en mí, quiero que te alegres de haber encontrado una esposa como yo. Te amo. Te amo. Te amo.

Proverbios 31:10 (TPT) – *"¿Quién podría encontrar una esposa como esta -..."*

Una nota de pie de página de la traducción Pasión – "A partir del versículo 10 hasta el final del libro, tenemos un poema acróstico hebreo. Es de estructura alfabética, con cada uno de los veintidós

versículos comenzando con una letra hebrea consecutiva del alfabeto. La implicación es que las perfecciones de esta mujer agotarían todo el lenguaje. El sujeto es la novia perfecta, la mujer virtuosa. Esta mujer es a la vez una imagen de una esposa virtuosa y una increíble alegoría de la novia victoriosa del fin del tiempo de Jesucristo, llena de virtud y gracia."

Day 83

Jesús, te amo. Eres tan maravilloso, tan increíble, tan completo y todo lo que necesito. Estoy muy contenta y tan honrada de ser tu novia. Permíteme cumplir con todas tus expectativas y superarlas. Sé que tu amor por mí nunca cambia, así que nada de lo que pueda hacer aumentará o disminuirá tu amor por mí. No quiero ser débil e impotente. Quiero emanar todo lo que eres de dentro de mí. Me haces poderosa y victoriosa. Me das poder, autoridad y dominio. Tengo la intención de ser lo que quieres y lo que deseas, todo lo que me hiciste ser. No soy una novia pasiva, sino una guerrera que es poderosa como un ejército.

Déjame hacerte sentir orgulloso. Todas estas cualidades y características son sólo para señalarte a ti, mi muy superior y maravilloso prometido.

Me has hecho ser rica y excelente, moralmente justa, llena de sustancia e integridad. Esta lista de cualidades y características está destinada a complacerte a ti y sólo a ti. Que todo lo que deseas se encuentre en mí. Que nadie se encuentre con una calidad más alta que estas – porque estoy apartada – para amarte y complacerte sólo a ti. Eres todas estas cosas, y moras en mí. Tú reinas en mí. Por lo tanto, en mi amor por ti, déjame ser la esposa de carácter noble, déjame ser la única, la verdadera, que sin reservas te atesora, adora y te ama con calidad, carácter y todo lo demás.

Proverbios 31:10 (TPT) – *"...Ella es una mujer llena de fuerza y valor! Está completamente llena de riqueza y sabiduría..."*

Una nota de pie de página de la traducción Pasión – "La palabra hebrea utilizada para describir a esta esposa virtuosa es "khayil".El significado de esta palabra no puede ser traducido por una sola palabra equivalente en inglés. A menudo se utiliza en relación con la destreza militar. Esta es una esposa beligerante, guerrera. Khayil puede traducirse 'poderosa; rica; excelente; moralmente justa; llena de sustancia, integridad, habilidades y fortaleza; poderosa como un ejército'. La esposa es una metáfora de la iglesia de los últimos días, la novia virtuosa y vencedora de Jesucristo. La palabra khayil se utiliza más a menudo para describir a los hombres valientes... donde se utiliza para los poderosos, Moisés estaba para comisionar como ancianos y líderes entre el pueblo..."

Día 84

Jesús, gracias por ser un novio tan dulce y precioso. Gracias por ser tan extraordinario, hasta ahora superas a cualquier otro. Gracias por tu amor eterno, tu amor perfecto, eso es todo para mí. Gracias por ser el Amor mismo y por siempre pensar en mí. Tus pensamientos siempre han estado hacia mí desde antes de la fundación de la tierra. Te preparaste con anticipación, sabiendo que tendría que ser rescatada y redimida. Sabías el precio que tendrías que pagar por mí. Me amas como a nadie. Estoy tan asombrada y tan maravillada de ti. Eres tan excepcional, tan puro, tan perfecto. Eres el único que podría pagar el precio por mí, y fuiste tú. Fuiste el precio mismo. No tienes culpa. Estás impecable. Estás radiante. Me viste como tu alegría. Incluso en mi imperfección, en mis puntos más bajos, en mi separación de ti, todavía me amabas como siempre lo has hecho y siempre lo harás. Tu amor fue firme. Tu amor es tan genuino y puro. Tú eres realmente el indicado para mí. Yo soy la indicada para ti. Pagaste el precio por mí. Diste tu vida para que pueda tener vida. Te devuelvo mi vida, todo de mí. Te amo. Estoy tan contenta, tan agradecida, tan enamorada de ti.

Proverbios 31:10 (TPT) – *"...El precio pagado por ella fue mayor que el de muchas piedras preciosas."*

Una nota de pie de página de la traducción Pasión – "O 'su valor'. El precio que pagaba por ella era la sangre sagrada del Cordero de Dios, su Esposo."

Día 85

Te amo, Jesús. Tú eres mi corazón; le das vida a mi alma. No hay nadie como tú, nadie más alto que tú, nadie más inexpresable que tú. Me satisfaces. Tú me llenas. Me consuelas. Tú me elegiste a mí. Qué emocionante es para mí ser tu novia. No puedo ocultar mi emoción. Debo gritarlo desde los tejados. Me encanta que yo sea quien has elegido porque eres a quien quiero. Quiero ser digna de ser tu contraparte. Quiero hacerte sentir orgulloso. Tu amor me llena, y debido a tu amor, estoy fortalecida y capacitada para ser la novia que has imaginado. Quiero conocerte cada vez más profundo. Revela tu corazón a mí; Quiero conocer tu corazón. Quiero que las partes más íntimas de tu corazón se derritan en el mío. Si no tengo tu corazón, no te tengo a ti. Me complace conocerte. Soy la novia que levantas. Soy la novia vencedora, la novia victoriosa. Sólo puedo hacer esto porque tú eres mío y yo soy tuya. Quiero traerte el rico botín de la victoria porque me has confiado tu corazón.

Proverbios 31:11 (TPT) – *"Su esposo le ha confiado su corazón, pues ella le trae el rico botín de la victoria."*

Día 86

Jesús, te amo. Me encanta todo sobre ti. Amo todo de ti. Me encanta tu rostro. Tus ojos me atraen día tras día y me permiten ver tu corazón y tu alma. Me atraen cada vez más en ti para que te conozca como nadie más. La belleza que veo, la gloria que veo, está más allá de mi expresión. Eres tan puro, tan prístino y tan absoluto. Quiero tu pureza. Busco pureza. Deseo poseer pureza en todas las cosas. Me comunico ante ti como quien te ama y te adora. Gracias por poder estar ante ti en rectitud. Gracias por darme el derecho de estar ante ti - no por nada de lo que he hecho, sino por todo lo que tú has hecho. Mi corazón late a lo profundo y ancho y alto y bajo por ti. Mi atuendo delante de ti es sólo lana y lino. Estoy adornada con tu amor y gracia. Cuando me veas, quiero que no veas nada más que alguien completa y desesperadamente dedicada a ti, amándote en pureza y rectitud.

Proverbios 31:13 (TPT) – *"Ella busca continuamente poseer lo que es puro y justo..."*

Una nota de pie de página de la traducción Pasión – "O 'lana y lino.' La lana es una metáfora que se utiliza a menudo como símbolo de lo que es puro... La ropa de cama estaba hecha de lino y siempre habla de rectitud. Los sacerdotes del Antiguo Testamento llevaban ropa de lino cuando iban ante la presencia de Dios para ofrecer sacrificios. Las cortinas del tabernáculo también estaban hechas de lino, lo que significa la justicia de Dios... La virtuosa novia de Cristo en los últimos

días buscará sólo lo que es puro y justo a los ojos de su Esposo."

Día 87

Jesús, agradezco que puedo amarte. Estoy asombrada de mi posición como tu novia y que puedo llenar mi vida contigo. Eres todo para mí. Tú eres mi todo. No quiero nada sin ti. Lo que me das es divino; me proporcionas todo lo que necesito o necesitaré. Me das desbordantemente para que pueda compartir tu bondad con los demás. Eres mi fuente para todo. Me das provisiones. Me llenas de recipientes buenos y perfectos de tu gracia. Tu provisión nunca se agota; nunca se seca; nunca termina. No hay carencia en ti. Tú eres la abundancia del amor. Pagaste para que mi suministro estuviera lleno. Compraste mi provisión. Tú me compraste. Era tu vida, tu sangre impecable y sagrada, la que pagó el precio por mí. Me mostraste, amor verdadero. Tu amor no fue egoísta, ni deficiente en ninguna manera. Tu amor fue sacrificial. Tu amor dio todo lo que tenía por mí. Eres el comerciante que sube abordo una carga preciosa para mí. Esta carga es preciosa; es satisfactoria; es reconfortante. Eres tú. Tú eres la carga que quiero. Tú eres la fuente. Tú eres la sustancia. Tú eres el fin y los medios. Eres la vida. Tú, sólo tú, puedes ser todo para mí.

Proverbios 31:14 (TPT) – *"...Ella es como un barco mercante que trae provisiones divinas del comerciante."*

¶Una nota de pie de página de la traducción Pasión – "O 'como buques mercantes que traen mercancías'. Como un barco lleno de carga, la novia de Cristo trae tesoros celestiales a los demás. El uso del término comerciante apunta a Jesucristo. Se le describe como

un comerciante en Mateo 13:45 en la parábola de la perla costosa. La 'perla' es la iglesia o el creyente, que costó todo lo que Jesús tenía (su sangre) para comprarnos."

Día 88

Jesús, te amo. Gracias por estar conmigo en todas las temporadas. Gracias por estar conmigo en el día y la noche. Estás conmigo en la montaña y en el valle. Estás conmigo en cada momento de mi vida. Nunca estoy sola porque siempre estás conmigo. Cuando llega la oscuridad, obedezco y me levanto. Me levanto en poder como tu novia. No me quedo indefensa o sin poder. Tengo tu poder en mí porque soy tuya. Siempre hay provisiones para mí y mi hogar. También hay en sobreabundancia con la cual podemos bendecir a los demás. Brillo con tu amor a aquellos que me rodean porque tu luz ilumina mi alma. Mi luz ha llegado. Ya no estoy en la oscuridad. Tú eres la luz. Donde estás tú, no hay oscuridad. Como tu novia, me levanto y resplandezco para alimentar y bendecir a los demás. Este es mi papel. Esta es mi tarea. Esto viene de mi identidad como tu contraparte. Me has dado todo lo que necesito. Me has proporcionado un camino. Es por ti, a quien amo, que puedo levantarme y brillar, con poder, cuando llega la oscuridad. Tu luz viene y está conmigo. Disipa la oscuridad. Tu luz invade mi espacio. Tu gracia invade mi alma. Tu amor me rescata continuamente. Tu amor me hace salir victoriosa. Solamente Tú. Eres solo Tú.

Proverbios 31:15 (TPT) – *"Incluso en la temporada nocturna se levanta y pone comida en la mesa para los hambrientos en su casa y otras."*

Una nota de pie de página de la traducción Pasión – "La palabra hebrea traducida 'Levantarse' también puede significar 'elevarse en el poder'. Se nos dice que 'levántate y brilla, porque nuestra luz ha llegado'. Véase Isaías 60:1, que usa la misma palabra hebrea para 'Levantarse'. La novia de Cristo se levantará con la unción para alimentar y bendecir al pueblo de Dios."

Día 89

Jesús, eres tan hermoso. Eres tan bueno. Eres tan precioso. Tú eres mío. ¿Cómo puedo expresar exactamente lo que eres? Estás más allá de la capacidad de mi lenguaje. Puedo usar palabras para decirte lo bueno que eres, lo digno que eres, lo mucho que te amo, pero nunca podré comunicarlo completamente. Mi consuelo es que conoces mi corazón. Me alegra que conozcas cada parte de mí. Conoces mis pensamientos, mis intenciones, mis anhelos, mis deseos. Conoces mis alegrías y mis heridas. Conoces mi sinceridad y las profundidades de mi entrega a ti. Sabes a lo que me refiero incluso antes de decirlo. Conoces mi corazón antes de actuar. Quiero que estés orgulloso de mí. Nunca quiero decepcionarte. Sólo quiero honrarte y amarte. Que estés complacido conmigo, Jesús. Quiero que cada palabra que hables de mí sea buena, de orgullo, brillante. Tus palabras sobre mí son siempre promesas y verdad.

Tus palabras son siempre "Sí" para mí. Mi corazón sonríe sabiendo que siempre tuya soy y que tu amor por mí es firme y eterno. Incluso si me quedo corto, tu amor no vacila. Es fuerte. Me amas con una fiereza que fue demostrada por tu sacrificio por mí – tu propia vida. Tú te entregaste. Me redimiste. Soy una novia tan agradecida, llena de amor por ti. Tus palabras sobre mí me dan ánimo para nunca detenerme. Tu alabanza de mí me eleva; me llena de poder. Tú eres la Palabra, y cuando hablas de mí, te hablas a ti mismo a mí. Te hablas a ti sobre mí. Hablas vida a mí. Me hablas todas tus promesas. Me aferro a cada palabra que dices.

Dios, me llenas y me amas. Eres tan increíble. Te amo. Estoy tan orgullosa de amarte. Estoy tan feliz de amarte. Me siento demasiado honrada de amarte. Podría alejarme de todo lo que hay que hacer en esta vida y amarte. Solo a ti.

Proverbios 31:28 (TPT) – *"... y su esposo se levanta a hablar de ella en términos maravillosos."*

Día 90

Jesús, te amo todos los días. Hoy te amo. Te amaré mañana. Mi corazón se ha vuelto amor porque está lleno de amor. Has excedido mis expectativas. Has superado mis deseos. Nadie más podría ser como tú. Tú eres tan puro, tan impecable y tan radiante. Tú eres la fuente de todas las cosas. Tú eres la respuesta a todas las cosas. Eres todo para mí. Tú. Me haces especial. Me haces genial. Me haces justa. Me perdonas. Tú me sanas. Me quitas el dolor. Me quitas toda enfermedad. Me das una esperanza y un futuro. Me das una identidad. Me das un propósito. Me llenas de amor. Me cubres con gracia. Tú me creaste. Me haces quien soy. Me sigues moldeando en lo que voy a ser. Yo soy tu alegría. Yo soy a quien amas. Siempre estuve en el centro de tus pensamientos y soy la razón de tu amor. ¡Qué misterio! ¡Qué amor! Qué épica historia de amor de todos los tiempos. Soy la valiente y noble que amas, tu novia. Me levantas bien alto. Pasaré la eternidad profundizando cada vez más en ti, amándote cada vez más. No sé cómo será posible amarte más, pero desde donde he estado hasta donde estoy ahora, tengo confianza en que esto es sólo el comienzo.

Proverbios 31:29 (TPT) – *"Hay muchos valientes y nobles, ¡pero tú has ascendido por encima de todos ellos!"*

Una nota de pie de página de la traducción Pasión – "O 'Eres el primero en sus ojos...'"

Acerca del Autor

Based on Faith (Basados en la Fe) fue fundada por Crystal G.H. Lowery en 2012. Crystal es también rectora y abogada fundadora de la Oficina De Derecho de Crystal G.H. Lowery, LLC, una firma dedicada a la planificación patrimonial, la ley de mayores, la planificación de veteranos, la planificación de negocios y la ley de entretenimiento.

El ministerio se formó como una respuesta a lo que Crystal vio y experimentó en su práctica legal. Crystal disfrutaba ejerciendo la abogacía de una manera positiva y creativa. Sin embargo, experimentó constantemente una falta de conocimiento en la población general, incluso con aquellos clientes con los que trabajaba y que profesaban ser cristianos. La brecha de conocimiento que identificó era doble. Uno de los aspectos estaba relacionado con la información objetiva relacionada con la ley y la fe. El segundo aspecto fue la integración de la ley y la fe.

Crystal comenzó a hablar con varios grupos y organizaciones, así como también comenzó a impartir cursos relacionados con la planificación patrimonial. Sin embargo, cada vez más se sentía incómoda y perturbada por la enseñanza tradicional y la sabiduría de los planificadores inmobiliarios y financieros. Vio el miedo en los ojos de preciadas personas cuando hicieron preguntas y se cuestionaban si estaban tomando las decisiones correctas. Esto llevó a Crystal a echar un buen vistazo al tema y hacer algo diferente, algo más alineado con lo que la palabra de Dios enseña.

Crystal observo su proceso y cada paso en el proceso de toma de decisiones y lo evaluó de acuerdo con los principios basados en la fe. Lo que encontró fue cada vez más y más inspirador. El tema que practicó influyó en todos los aspectos de la vida y la familia y, como asunto de desesperación, debe considerarse desde la perspectiva correcta. El deseo de compartir esta información fue tan abrumador que Crystal fundó Basados en la Fe. Basados en la Fe comenzó simplemente a partir de que Crystal escribiera unos artículos relevantes que compartió dos veces por semana en el Blog 'Basado en la Fe'. La respuesta que recibió fue muy positiva, en la que la gente estaba buscando respuestas.

Crystal habla a grupos, organizaciones e iglesias, así como también continúa escribiendo. El objetivo es arrojar luz sobre la oscuridad. Una cita común que escuchamos es que no podemos esperar que algo diferente suceda si seguimos haciendo lo mismo. Es a esto a lo que le apunta "Basados en la Fe": inspirar y ayudar a las personas a pensar y vivir de manera diferente a los patrones tradicionales u ortodoxos. "Basados en la Fe" se entusiasma por la necesidad de una oportunidad de llenar un vacío para ayudar a las personas. "Basados en la Fe" utiliza métodos personales y tecnología de vanguardia para compartir su mensaje, pero el mensaje sigue siendo el mismo - se basa en la Fe.

Crystal obtuvo una licenciatura en Comunicaciones con énfasis en Relaciones Públicas de Virginia Tech, y obtuvo una M.A. en Comunicaciones con énfasis en producción y dirección de Cine y Televisión de Regent University School of Communications and the Arts. Además, obtuvo un J.D. de Regent University School of Law.

Crystal es madre de una niña y tres niños. Ser su madre es una de las bendiciones más grandes de su vida. Crystal estuvo casada

con su marido, Kevin, durante casi 17 años hasta que fue a estar con Jesús en 2018.

Crystal G.H. Lowery
P.O. Box 410
Isle of Palms, SC 29451
Sitio web: www.basedonfaith.org
Email: info@basedonfaith.org

Se agradece su apoyo financiero a este ministerio sin ánimo de lucro 501(c)3

TRADUCIDO POR:
Andy Dorronsoro G.
www.andydorronsoro.com

www.ingramcontent.com/pod-product-compliance
Lightning Source LLC
Chambersburg PA
CBHW052052070526
44584CB00017B/2146